U0088428

發生關係

生活就是一場角色扮演

正面思考：54

發生關係：生活就是一場角色扮演

編著　麥筱晴
出版者　大拓文化事業有限公司
執行編輯　林美娟
美術編輯　姚恩涵

總經銷　永續圖書有限公司
劃撥帳號　18669219
地址　22103　新北市汐止區大同路三段一九十四號九樓之一
TEL　（〇二）八六四七—三六六三
FAX　（〇二）八六四七—三六六〇
E-mail　yungjiuh@ms45.hinet.net
網址　www.foreverbooks.com.tw

CVS代理　美璟文化有限公司
TEL　（〇二）二七二三—九九六八
FAX　（〇二）二七二三—九六六八

法律顧問　方圓法律事務所　涂成樞律師

出版日◇二〇一五年九月

國家圖書館出版品預行編目資料

發生關係：生活就是一場角色扮演／麥筱晴編著.
-- 初版. -- 新北市：大拓文化，民104.09　面；
公分. --（正面思考；54）
ISBN 978-986-411-012-4（平裝）
1. 生活指導
177.2　　104013111

前言

活著，免不了與人發生關係。爲了維持這些關係，不管願不願意，你／妳都必須扮演各式各樣的角色。

扮演情人的你／妳，千萬不要因爲自己已經到了結婚年齡而草率結婚，想結婚，就要找一個能與你心心相印、相輔相攜的伴侶。不要盲目地戀愛，不要因爲戀愛而影響工作和事業，更不要因一樁草率而失敗的婚姻使人生受阻。要掌握求愛的藝術，把握戀愛的分寸。

扮演夫妻的你／妳，請記住，雖然有人說，婚姻是愛情的墳墓。一旦結了婚，情愛的拋物線越過了最高頂點以後，一切都會復歸於平靜。那時，在戀愛期間可以忽略不計的缺點，便會被重新發現、重新審視、重新計算，再加上兩人世界中的矛盾，夫妻之間的戰爭就爆發了，有時還會越演越烈，以致不可收拾的地步。因此，精心呵護婚姻，不斷增進感情，保持婚姻的美滿和家庭的和諧，是每一個人都必須認真對待的問題。

Life is a journey of playing roles

扮演父母的你／妳，總是爲孩子付出了很多——包括金錢，時間和各種努力。但是，很多家長卻沒有得到他們所預期的回報，孩子並沒有朝著家長設計好的路線和所期望的方向發展；而且，孩子對父母付出的心血並不感激，甚至還會產生反抗心理。家長必須學習培育孩子的技巧，改善與孩子相處的方法，才能成爲合格的父母、受孩子歡迎的家長！

扮演朋友的你／妳，若你的電話老是不響，那你就該主動打出去。很多時候，電話會爲你帶來意想不到的收穫。交了新朋友，別忘了老朋友，好的朋友越多越好。交際的一大訣竅就是主動，好的人緣好的口碑，往往有助於讓你的事業更上一層樓。

扮演陌生人的你／妳，是否思考過，爲什麼我們經常錯過許多廣結人緣的機會？就是因爲我們常把那些黃金時段用來絞盡腦汁，卻還是擠不出一句合適的開場白。初次交往的成敗關鍵是適當的寒暄。無論是主動或被動的打開話匣子都能得心應手。一旦能達到這個境界，那麼無論把你丟在任何一個場合中，都能迅速進入狀況，隨心所欲地擴展人緣，爲自己在生活與事業中，營造一個又一個絕佳的發展機會。

扮演自己的你／妳，請給自己最大的自信。因爲在許多成功者的身上，總可以看到超凡的自信心帶來的巨大作用。自信心就像能力的催化劑一樣，它可以將人的一切潛能都發揮出來，將各部分的功能推進到最佳狀態。有了真正的自信，與人相處的時候就會左右逢源，發展事業的途中才能無往不利。

不管你現在扮演著什麼，一人分飾幾角，請記住，忠於每個角色，活出精采的人生。

目錄

第一章

扮演情人的你／妳
謹記原則：成功戀愛，樹立迷人形象

Life is a journey of playing roles

第二章

扮演夫妻的你／妳

謹記原則：呵護婚姻，促進夫妻和諧

Life is a journey of playing roles

目錄

第三章

扮演**父母**的你／妳

謹記原則：**尊重子女，做合格的家長**

Life is a journey of playing roles

第四章

扮演朋友的你/妳
謹記原則：贏得朋友，建立生活人脈

Life is a journey of playing roles

目錄

第五章 扮演陌生人的你/妳

謹記原則：主動交往，與陌生人相處自在

Life is a journey of playing roles

第六章

Life is a journey of playing roles

扮演自己的你／妳
謹記原則：正直自信，保持最佳狀態

第一章

扮演**情人**的你／妳

謹記原則：**成功戀愛，樹立迷人形象**

千萬不要因為自己已經到了結婚年齡而草率結婚，

想結婚，就要找一個能與你心心相印、相輔相攜的伴侶。

不要盲目地戀愛，不要因為戀愛而影響工作和事業，

更不要因一樁草率而失敗的婚姻使人生受阻。

要掌握求愛的藝術，把握戀愛的分寸。

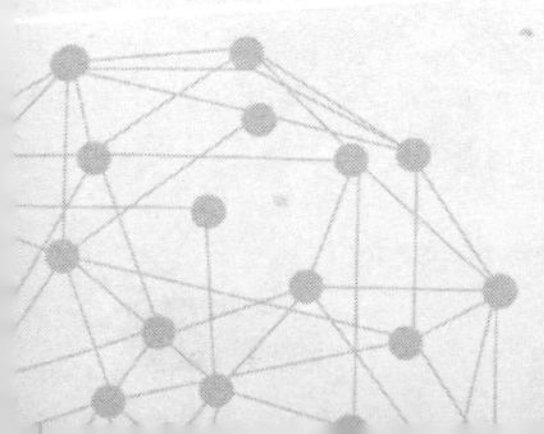

到底是友情？還是愛情？

在現實生活中，男女交往，尤其在戀愛的時候，由於不懂得雙方的心理而糾纏不休，或失之於冒失，或失之於優柔寡斷的現象的確不少。關於友情與愛情的區別，一位心理學者提出了如下五個指標，可供參考。

一、前提不同。

友誼的前提是理解，愛情的前提則是感情。友情最重要的支柱是彼此的相互瞭解，不僅是對方的長處、優點，就是短處、缺點也要充分認清，只有這樣，才能產生友情。而愛情則不然，先是對心儀對象的美化，視作理想伴侶後產生了愛慕之情，在整個過程之中最重要的是雙方的感情。

二、要求不同。

友情的地位平等，愛情卻要一體化。朋友之間立場相同，地位不等，彼此之間無須多餘的客氣。如果遇到對朋友不利的情況，可以直率地提出忠告，就算朋友動怒，也要義正詞嚴地規勸。朋友之間就是這樣，有人格的共鳴，亦有劇烈的衝突。愛情則不然，它具有一體感，身體雖不同，但心卻爲一體，兩者不會互相碰擊，而是互相融合。

三、規則不同。

友情是開放的，愛情則是關閉的。兩個人有堅固的友情，當人生觀與志趣相同的第三者、第四者想加入的話，大家都會歡迎。愛情則不然，兩人在戀愛，如果第三者從旁加入，便會產生嫉妒心理和排除異己的行爲。

四、基礎不同。

友情的基礎是信賴，愛情則糾纏著不安。一份真誠的友情具有絕對的信賴感，猶如不會動搖的磐石。相反的，一對相愛的男女，雖非不信賴對方，但卻老是被種種不安所包圍。比如「我深深地愛著她，她是否也深深地愛著我？」「他的態度有點變了，是不是還和以前一樣地愛著我？」

五、期望不同。

友情充滿充足感，愛情則充滿欠缺感。

當兩個人是親密的好朋友時，彼此都有滿足的心境；同樣的兩個人一旦成爲情人時，雖然初期會有一時的充足感，但不久之後，就會產生不滿足感，總希望有更強烈的愛情保證，甚至經常有一種莫名的欠缺尾隨著，隨時帶有某種著急的感覺。

準備戀愛的年輕朋友在和異性交往的過程中，不要欺騙自己，不要演戲，要好好地反省內心的情感動向，依據上述五個指標，仔細地觀察、反省，並做綜合分析，對友情與愛情做出正確的判斷。

一見是否真的鍾情

一見鍾情是否能相信，是涉足愛河的過程中經常遇到的問題。

在歷史中，確實有許多一見鍾情的佳話。寶玉黛玉相遇似曾相識；羅密歐茱麗葉初見相見恨晚；《西廂記》中張生和崔鶯鶯的故事被傳頌千古！誰能斷言：一見鍾情不能締結美滿姻緣呢？

從心理學角度來看，一見鍾情是一種正常的心理現象。一個人進入青春期以後，便會自然萌發對異性的嚮往和追求，從自己的審美標準、價值觀、修養水平出發，朦朦朧朧地憧憬起自己理想中的情人來。

比如，許多女粉絲爲一些電影明星所傾倒，希望未來的丈夫也能夠是英俊瀟灑的現代男子漢。這種理想模式儘管模模糊糊的，但已表明了人選擇配偶的心理傾向。當你在生活中遇到符合理想的人物時，你會立刻把他納入已有的理想模式中，大腦當即對這個人做出判斷。這個對象符合理想模式的程度越高，你的心裡就越滿足，產生的好感也越強烈。想像似脫韁的野馬縱橫疾駛，情感勝過了理智的閘門，奔瀉而出，於

是你醉心於他，猶如萌生了真正的愛情一樣。然而，好感畢竟屬於感性階段的心理活動，如果把好感當作愛情，這就是對愛情的誤解了。

愛情是人類特有的精神現象，它由生理現象產生，並帶有深刻的社會內容。動物的性活動並不選擇特定的異性對象；人則不同，人的意識、情感、志趣、價値觀等複雜的精神生活，決定了他選擇配偶的複雜性。從這個層面來看，愛情是伴隨著對另一方細心地觀察、冷靜地思考、慎重地審度、誠心地培養而產生的。

一個人的品格、才華、修養往往會透過他的舉止言談表現出來。只要理想模式正確，觀察能力強，很有可能在三言兩語、一顧一瞥中就能做出準確的判斷，覓到理想的知音。但是，一見鍾情不是經常發生，因爲這種感情大多來自於對外表、舉止的愛慕，這種愛慕遠遠談不上深入人的內在本質。因此，一見鍾情之後所締結的婚姻，並不一定都很美滿。

許多人都看過法國著名作家雨果的名作《鐘樓怪人》，書中女主角埃斯梅拉達因國王弓箭隊隊長法比風流瀟灑的外表而鍾情於他，卻沒有認清他卑鄙醜惡的靈魂。當她身陷囹圄思念法比之時，法比卻沉醉於與貴婦們的調情玩樂之中，最後，她的生命也葬送在這場愛情的悲劇裡。

因此，傅雷告誡他的兒子：「愛情是一朵美麗的火花，美則美矣，無奈不能持久，……不考慮性情、品德、思想等等，而單單執著於當年一段美妙的夢境，希望這夢境將來成爲現實，那麼，我警告你，你可能遇到悲劇的！」

陌生男女相處時間只有幾天，很難達到對品格、信念、志趣、性格的全面瞭解，因此最好應採取審慎的態度。真摯持久的愛情，不是「一見鍾情」，因爲相互的全面瞭解，思想觀點的諧和，都不是短時間內能夠達到的，必須經過相當長的相處才能真正瞭解，也才能確實地衡量對方的感情。

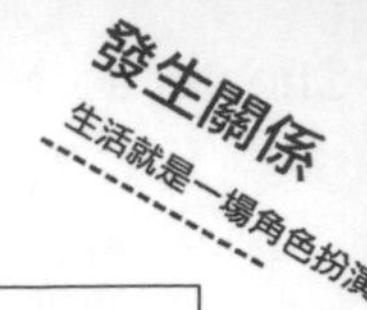

尋覓真正的愛情

小李對小玲產生了好感。不久他們便結婚了。時過一年，發現他倆之間並沒有共同的語言，整天吵吵鬧鬧，糾紛不斷。小李曾期望過：也許過一段時間一切將會改觀，他們又可以和睦相處。但他未能如願以償，彼此間的關係只見日趨惡化……。

爲什麼我們經常看到一些青年男女，不久前還是形影相隨，難捨難分，而一朝結成良緣，關係卻反而冷淡下來了呢？爲什麼愛情會消失得如此之快呢？

關於這個問題，專家指出：倘若愛情瞬間即逝，就說明它不是真正的愛情。這些人把自己的感情搞錯了，誤把某種別的東西視作愛情了。

那麼，什麼才是真正的愛情呢？或者說，怎樣才能獲得真正的愛情呢？

一、感情必須加以檢驗。

好感非常像愛情，好感也可能是很強烈的。對某個人產生了好感，你就可能醉心於他（她），從而引起感情上的衝動，猶如萌生了真正的愛情一般。但話又說回來，好感又不是愛情，兩者之間的區別是：就愛情而言，除了感情的萌動外，還需要有相互間的深入瞭解，觀點和志趣上的共鳴。而好感是沒有這些因素的。

有些專家甚至否定世間有一見鍾情的愛情。他們認爲，首次見面只能產生好感，而愛情的產生應該以友誼爲基礎，是彼此之間在經歷了相當時間的認識和深刻瞭解後的結果。

一位著名學者說過：「愛情是應該加以檢驗的。某個人可能認爲他已愛上了誰，事實卻並非如此……我們會輕易地受沒有檢驗過的愛情支配。」這句話實在值得我們深思。

二、愛情必須經歷時間的考驗。

檢驗自己的感情並不困難，生活爲我們提供了許多的可能性。有些人善於辭令，大凡在談論愛情時，話總是說得很漂亮，使你聽後十分舒服，甚至單憑這些話就會愛上他。但花言巧語地大論愛情，與真正懂得愛情卻是兩碼事。對感情的檢驗，在很多情況下，的確需要一定的時間。

三、愛情必須去努力爭取。

不少人認爲，勇敢只是在戰爭或某些複雜的情況下（如碰到了某種險境）才需要。然而生活啓示我們：愛情中也需要有勇敢精神，從戀愛到達幸福之路，往往是靠勇敢來開闢的。

再次強調：愛情的幸福只能降臨在爲它付出代價，並有毅力取勝的人身上。有人慨歎：「相愛總是簡單，相處太難。」其實，只要把相愛的過程看的難些，相處就簡單了。

選擇適合自己的人

你有沒有注意過這樣的婚姻現象：

一個看上去帥氣的丈夫身邊卻走著一位相貌平平的妻子；美麗的窈窕淑女卻偎在一個武大郎似的丈夫身邊；精明能幹的女經理嫁給了老實的小學教師；才華橫溢的男作家終身與一個清潔女工為伴……

這樣的婚姻組合本身就有些令人吃驚，但更令人吃驚的是：那些看上去似乎不怎麼樣的丈夫或妻子卻一副處之泰然、儼然充滿幸福的樣子。

全部的奧秘就在於他們有這樣的心態：也許我不是最好的，但我是最適合你的。「最適合你的」這份自信，使他們心情寧靜地生活在自己的婚姻裡。

你有這份自信嗎？當你面對自己的意中人，是否能夠把握十足地說出「我是最適合你的」？

事實上，我們大多數人對自己都不甚滿意，我們會暗自沮喪自己不是最好的。所以，知道這項基本事實將會使你不再沮喪。

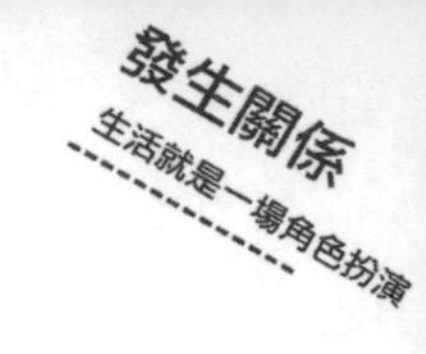

每個人都希望自己的愛侶是最適合自己的人。縱使妳是仙女下凡，但他若自視消受不起，也只會對妳敬而遠之。成熟的人不是尋找最好的伴侶，而是尋找最適合自己的伴侶。

瞭解自己是否適合伴侶，會使你對自己有超凡的優越感。我曾勸一位男性朋友去根治他的禿髮，他不以爲然地摸著自己的腦袋說：「說不定哪個小姐就喜歡禿頂男人呢！」想想看，當你確知伴侶期待的是一個相貌平凡但心地善良的對象時，你還會擔心自己的長相嗎？假如你恰好有一副善良的心腸，你自會信心百倍，哪怕他周圍美女帥哥如雲，你也會充滿自信地告訴他：「我是最適合你的。」

與此同時，瞭解伴侶對自己是否適合，也可讓你及早從沉迷中甦醒，從而避免一樁不幸婚姻的產生。

有位男子曾經十分迷戀一位女演員，他們有過一段很甜蜜的時光。漸漸地，這位男子對他們的感情產生了不安，因爲女演員常常需要到外地去拍電影，而他無法忍受家常便飯式的分離。他們之間沒有任何不信任，只是丈夫對女演員的職業不滿意。但他知道女演員很愛演戲，不願她犧牲事業。於是男子考慮再三，決定和女演員理智地分手。他說：我需要的是一位能時刻與我廝守的妻子，而她卻很難做到這一點。即使她為了我們之間的感情勉強離開大銀幕，我倆今後也未必幸福，那會使我對她感到歉疚。

這樣的情況令人難過：也許你是一個好女人，但卻不適合當他的妻子；也許你是一個不錯的男人，但卻不適合當她的丈夫。這種不適合，大大地傷害了你對自我價值的認定。

兩個優秀絕倫的男女卻組成了一個傷心的家庭，一對普普通通的夫妻卻能擁有一樁幸福的婚姻。其中的秘訣就在於：是否懂得發現兩人的搭配是否適合。

我們只有在適合自己的異性身邊才會感到心緒寧靜，才會得到自我價值的肯定。事實上，大多數人都太過注意兩人的相似之處，而忽略了兩人的互補之處。一個愛發表意見的人最得意的不是跟一個同樣愛發表意見的人談話，而是跟一個喜歡專心傾聽的人談話。那麼，為什麼不去找一個專心傾聽的人做伴?這人會一輩子做你忠實的聽眾，讓你感覺到自己的重要。相反，如果找了同樣愛發表意見的人，早晚有一天會各不相讓地爭吵不休。

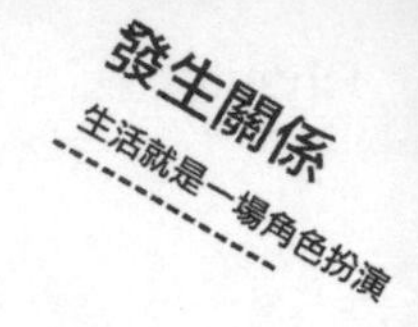

前面提到的那位男子道出了戀愛交往中的至理名言：情侶雙方交往的最佳境界，是各自保持自我的完整。現在的問題是：怎樣才能使你從一踏上愛的小船起，就不失去自我？辦法只有一個：選一個能與你互補，且最適合你的異性，真心地去愛這個人，並對其他異性敬而遠之。

來場成功的約會吧

戀愛是談出來的。成功的約會是順利進行交往、密切彼此關係的必經之路。下面介紹的幾點約會注意事項看似簡單，運用起來卻能取得異乎尋常的效果。

一、約會的時候一定要放鬆。

我們應該清楚最初的約會僅僅是談戀愛三部曲的第一部。一般說來，「談」是雙方選擇、結識的過程；「戀」是雙方空間距離的縮短，表現爲難捨難分；「愛」則是雙方心理距離的消除，進入卿卿我我的戀情狀態。既然約會僅僅是談的開始，它本身就是一個選擇的過程，因此我們沒有理由過於看重它，而給自己增加心理壓力，否則一旦心理緊張，反而會影響自己當下的表現。

儘管已有充分的心理準備，但雙方見面還是難免產生侷促緊張的情緒。大家都知道自己是來幹什麼的，因此爲了消除這些緊張因子，應注意暗示自己：對方也很不自在，沒有過多的精力來注意我的言行，我隨便說就是了，越輕鬆就越能發揮水平。默

念這些暗示語之後，我們的心情就會平靜多了，語言表達也就順利起來。

二、精心選擇約會地點。

最初幾次約會，為了開闊思維，方便談話，避免出現冷場，在選擇地點時也要注意。不要在僻靜的房子裡，也不要在冷清的公園一角，要盡可能地選擇邊走邊說的方式。我們知道話題的多寡取決於周圍的刺激，雙方守在一個靜謐的氛圍裡，自然雙目所及有限，談話間了無生氣。邊走邊談便可以從街上閃爍的霓虹燈、過往的人群、接踵而至的招牌上得來靈感，從而天南地北的侃侃而談了。

三、激發對方談話的興趣。

約會時，不管哪一方，即使你有出類拔萃的口才，但從頭到尾只有一人唱獨角戲還是不成功的。只有雙方你來我往、你言我語，感情才會更進一步。因而，放鬆情緒，調節氣氛，消除雙方因過多顧慮而導致言談過於謹慎是非常必要的。同時，因為氣氛和諧，對方的自然參與會為話題選擇提供機會和靈感，從而有了你發揮口才的便利條件。

四、在意猶未盡的時候結束約會。

約會時因爲一次冷場，往往會爲雙方帶來較爲嚴重的負面感覺，這種負面心理會化作一種沮喪、退縮的行爲，從而進一步影響後來約會的語言表達能力。這樣累積下來，即使你有著很好的口才，約會時也會變得沉默寡言起來。因此，我們提倡在約會時盡量做到少吃多餐，即每次見面時間不要過長，相互之間留有一份牽掛、一份思念，提高來日見面約會的興趣。這樣做，每次見面之後就會有一種談話興致未盡的感覺，也因爲約會話題多且新鮮，也有效地防止了冷場。

五、盡可能安排一些輕鬆的活動。

比如一起去看電影、聽音樂、打網球、參觀藝術展、郊遊等等。從心理學觀點看，有活動相伴，大家會比較容易得到有效的放鬆，從而達到緩解神經緊張，開拓思維，輕鬆表達的目的。這樣解釋可能更容易理解：我們常常看到少女約會時，總要拿條手

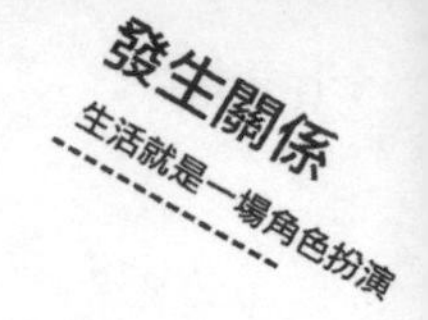

絹在手裡擺弄不停；男士談判時遇到棘手的問題，往往會不停抖腳等，這些都是因爲內心緊張焦慮、心理失衡導致的。當不平衡的心理在躁動時，它必須透過外在的活動釋放出來，才能使心理恢復平靜。可見，約會時有意識地安排一些活動，可以防止心理緊張，讓我們輕鬆自如地談吐，愉快而又不失雅趣。

我想告白

爲了得到理想的伴侶，研究和學習表白的技巧是十分必要的。

一、準確判斷對方的心思。

可以透過如下幾個方面來判斷對方的心思：

細心觀察。一個人心中燃燒著愛情的火焰，眼睛裡就會流露出愛的訊息，行動上就會發射出愛的信號。

婉轉試探。在你的婉轉試探之下，對方就可能婉轉表態。「喜歡」、「可以」、「願意」等意思容易被人領會；「不喜歡」、「不行」、「不願意」等意思往往不容易被人了解。當你委婉試探對方時，如果他（她）表現出沉默、和你（妳）的看法不一致、推托或拖延、迴避、轉移等，你一定要冷靜下來，仔細分析。

側面瞭解。透過某個自己和對方都熟悉的人，去瞭解對方的要求和心意。爲了避免尷尬，可以找機會向中間人講明自己的要求，並囑托中間人含蓄地去試探對方的心思。

二、拿出勇氣，把握時機表白。

在摸透了對方的心思以後，確知對方也是愛你的，就進入了表白的階段。此時，就要把握時機向對方表明自己的愛。

把握時機表白是需要勇氣的。真正的愛情之花，只向執著的追求者和大膽的表白者盛開。只是悄悄地愛著，卻鼓不起勇氣將這種情感變成行動去實踐，怯怯懦懦，畏畏縮縮，顧慮重重，這種人和這種心理狀態，注定要在愛的門檻前受盡精神折磨，注定要錯過機緣，造成悔恨。表白是正大光明的事，無須畏縮不前。愛就是行動，勇敢地表達自己的感情，是一種摒棄虛僞、返樸歸真的行爲。

三、選擇好表白的方法。

表白，作爲一種愛的行爲，相愛的表露，求婚的手段，因人而異。普通常見的表白方法如下：

直抒式。兩人你有情我有意時，可以開誠佈公，直抒胸臆。在現實生活中，也有許多人能夠巧妙地坦言愛意，比如：

男：「我們還有下次的見面嗎？」

女：「當然，只要是我喜歡的人，我經常都想見他。」

約會式。這是人們常用的一種方法。可以邀請心上人去看電影、散步、跳舞等，一般說來，敏感的對方會從這些約會中覺察到表白的信號。如果一次對方沒有理解，可以再約會第二次、第三次。

信物式。假如你羞於直言不諱地向對方表白，便可以採用借物傳言的辦法。

馬克和芬妮相愛已久，但誰也沒有先說出那令人害羞的三個字。一天黃昏，馬克與芬妮同坐在摩澤爾河畔的草坪上談心。馬克凝視著芬妮，輕聲說：「芬妮，我已找到我一生中最愛的人了！」

芬妮心中一怔，即而問道：「你愛她嗎？」

馬克熱情地說：「愛她！她是我遇見過最好的一個人，我打從心底愛她！」

芬妮強忍住情緒，平靜地說：「祝你幸福。」

馬克風趣地說：「我身邊帶著她的照片哩，你想看看嗎？」說著就把一個精製的小匣子遞過去。

芬妮打開小匣，恍然大悟。原來匣子裡是一面小鏡子，鏡子裡映著自己微微泛紅的臉蛋。

書箋式。就是透過鴻雁傳書來訴衷曲，也就是我們常說的告白信、情書。這個辦法的好處是兩人不必面對面，對於害羞的小伙子和靦腆的小姐，最爲適用。再者，自己和對方都有深思熟慮的空間，可以字斟句酌，避免倉促之間詞不達意。對方也有充分時間考慮，避免手足無措。

表白的最大訣竅就在於積極靈活，隨機應變。千萬不要刻板地套用某種固定程序。

四、尋找既能表情達意又能增添情趣的話語。

男女進入相戀的階段，精心構思一些既能表情達意又能增添情趣的話語，是戀愛藝術的表現。戀人間的調情，是建立在男女情投意合、心領神會基礎上的互相談笑逗趣，而這種情調的語言，以文雅適度爲美。

比如，一對情侶看完電影，雙雙步出電影院，這時她說：「今天的電影真不錯！」

男友笑道：「銀幕上的右半面的確是不錯，可是左半面我看不到，因此不知道演得怎樣。」

女友問：「哪裡有人用這種方式看電影的呀？」

男友回答：「因爲你坐在左邊，我左邊的眼睛一直在注視著你嘛！」

這樣一來，女友一定會帶著滿足的神情而笑出聲來。

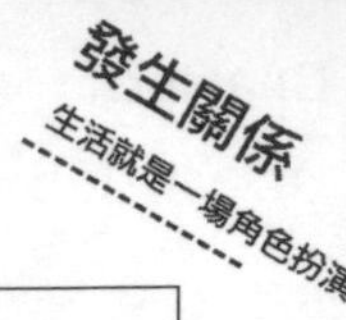

練就贏得芳心的技巧

女性有不同於男性的欲求，女性的弱點更是區別於男性。在交往中，一個想贏得女孩芳心的男性，必須懂得這幾點：女孩子正眼巴巴地等著你去追求，女孩對你的害羞非常著急，女孩喜歡人家奉承她，女孩喜歡你溫柔地體貼她，女孩喜歡幽默風趣的男孩，女孩欣賞見聞廣博有膽有識的男孩，女孩不喜歡操之過急的男孩。

當然，僅僅記住這幾點還不夠。如果你想贏得一個女孩的芳心，還有以下幾點不可忽視：

一、鼓起勇氣，走向你想親近的女孩。

一位作家說過：「凡是女孩子，對男孩的追求都會感到高興。」還有一個女孩說：「那些畏畏縮縮的男孩真讓人生氣！男孩應主動爲自己創造機會，我可不會先開口，除非我已經非常愛他。男孩子應首先表明心意。」

「一個男孩若沒有勇氣追求女孩，就太沒出息了。我們耐心等待，期望著男孩子的大膽追求，可他們竟然令人失望，真是急死人了。」

給自己打打氣吧！也許你想接近的女孩正期待著你。即便失敗，難堪是一時的；倘若成功，快樂卻是長久的。鼓起勇氣，就等於成功了一半。

二、讚美對方。

女性都喜歡接受人家適度給予的讚美。無論對於容貌、行爲、服裝、髮型，甚至指甲，都希望得到讚美。因爲女性，即使是再高傲，也都常爲某種複雜的弱點煩惱著。如懷疑自己的魅力，懷疑自己的優點，當一個人的優點被異性證實時，怎能不感到愉悅？有些羞怯或憂鬱的女性，在感受到讚美的溫暖之後，會像花朵受到陽光的照耀，突然明艷起來。

讚美要講究技巧，首先要摸準她確實值得讚美的地方。其次是變換讚辭。假如你每天總是千篇一律地重複「妳的眼睛好美哦」，就會使她覺得你的例行公事索然無味。不妨換一句話：「我一直認爲妳的眼睛很美，但今天才明白了它之所以迷人的原因。」這樣，保管她百聽不厭。

三、關心對方的興趣，適當幫助對方。

女人不希望男人的興趣和她完全一樣，但她希望你能把她的興趣放在心上，每個女人都是如此。如果你買了一件衣服送給她，對她說：「妳不是最喜歡這種款式和這種顏色的上衣嗎？我今天買到了。」女人就會感到一股暖流流過心田。她會想：「我隨便說過的一句話，他還記得這麼清楚，真難爲他了。」

如果某天晚上你邀她一起去看她想看的時裝表演，她會在心裡琢磨：「他本來是不喜歡的，現在竟能主動陪著我，這種人真善解人意，以後一起生活，一定沒問題。」

四、注意說話的神態，記住什麼話不能說。

男性在說話時吸引女性的，首先是他說話時的神態，而不是所談的內容。輕鬆自然，風趣幽默，表情豐富，定能讓女性留下美好的印象。

在女性面前，不要談論另一個女性的優點。殊不知，兩個迎面而來的情侶，你女友的視線總是首先投向情侶中的女孩！這是一種無意識的對抗。如果你當著她的面讚美另一個她，她一定會氣得七竅生煙！

另外，要想取得好效果，你還要掌握好交往的節奏。開始階段要若即若離，見好就收。

當然，想贏得女性的心，最主要還是要顯示你的才幹，你的智慧和你在事業上的能耐。

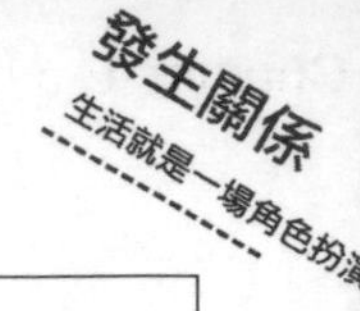

打造吸引男性的魅力

女性征服男性往往靠的是自身的魅力。除了具有美感的梳妝打扮能夠有效吸引男性的視線外，從心理學的角度來看，女性在和男性的交往過程中所顯示的最大魅力，往往是羞澀、微笑和撒嬌。

羞澀是女性美的特徵之一，它蘊藏著嫵媚和柔情。女性的羞澀主要表現在愛情生活中，這是一種感到難爲情、不好意思的感覺，往往伴隨著甜蜜的驚慌、異常的心跳、緋紅的臉頰。女性的羞澀是一種美的情話。每一個女孩在感情表達上都應懂得用羞澀去扣動異性的心弦。因爲愛情需要羞澀。

女人的微笑魅力無窮，它能融化一切。一張真誠而可愛的笑臉是對付男人最直接最有力的武器。「這個女孩真甜，臉上總是掛著微笑，使人感到親切和溫暖。」這是許多男性對微笑的心理效應。一個男孩說：「走在路上，或在其他公共場所，如果有一位陌生的女孩向你微笑，你一定會覺得自己充滿魅力，心裡一下子就開心起來，並希望能和她交往。」可見，女性不能沒有微笑。

撒嬌，既是女性的專長，也是女性軟化男性的手段。一個男人，面對撒嬌的女性，不僅會在心中盪開愛之漣漪，而且會對她的要求百依百順。

除了天性的自然表露外，女性在對付男性時，有時也要適當地表現自己的軟弱，最好是顯得楚楚可憐。男性生來就是愛保護女性的，他們以能幫助女性爲榮。男性說：「一個女孩子顯得楚楚可憐，那是很能感動人心的，我會無所顧忌地去幫助她解決任何困難。」一個高傲冷漠的女性，是很難吸引男性主動走向她的。

當然，有一類男性絕不能一味的以軟弱和楚楚可憐的方式面對他——對付不懷好意，愛占便宜的男性，妳必須強硬起來並堅持自己的原則。

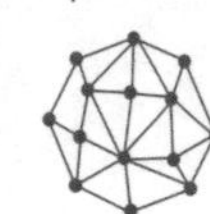

如何表達不滿

很多人在談戀愛時把對方看得很完美，花前月下，卿卿我我。有時明知道對方的某種缺點自己難以接受，明白地指出來又怕傷害對方的感情；於是，就裝作視而不見，一忍百忍。這樣暫時相安無事，卻爲婚後的爭吵埋下了炸藥。其實，你完全可以運用一些技巧，指出對方的缺點，使他不但不會因此對你產生不滿，並且還願意做出適當的改變。以下幾點經驗可供參考。

一、委婉地表達自己的意見。

有些女孩子喜歡動不動就生男友的氣，以顯示自己有個性。有些癡情的男孩子因爲某句話引起女友不快，生怕得罪心中的公主，會忙不迭地賠禮道歉，更有甚者會貶低自己請求原諒，以示對戀人的忠貞。其實大可不必如此。

某外交部長的女兒小婷和小李談戀愛時總是顯示出某種優越感。而小李是農家子弟，大學畢業後在一家小企業做雇員，沒有什麼背景靠山。

有一次小婷到小李家做客，對小李家人的生活習慣總是流露出看不順眼的情緒，並不時在小李耳邊嘀嘀咕咕。吃完晚飯後又把小李的妹妹使喚得團團轉，又是喝冷飲，又是要西瓜的。

小李看在眼裡，心理很不是滋味。但他沒有當場發脾氣，反而笑著對妹妹說：「要當師傅先學徒弟嘛！你現在加緊訓練一下也好，等將來你嫁到別人家裡，也好擺起師傅的架子來。」

小李的做法可謂高明，他利用時機說用「要當師傅先學徒弟」這句話來提醒小婷，避免了直接衝突。即使對方當時略有不滿，過後也會有所感悟的。

經小李這麼一說，小婷果然收斂了許多。

二、用詼諧的話語使對方願意接受你的不滿。

幽默能使戀愛情趣盎然。當對方的所作所爲引起自己的不滿時，用詼諧的言談能讓對方笑著接受自己的不滿。

Life is a journey of playing roles

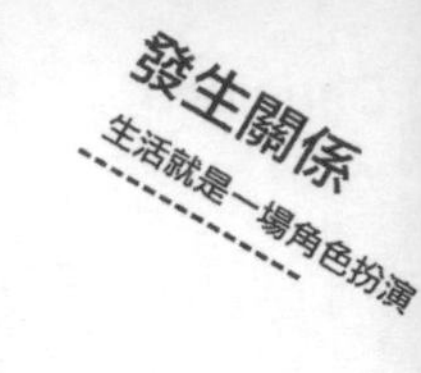

小倩非常喜歡跳舞，男友小張卻偏偏是個好靜的人，正準備參加考試，卻常被她拉去舞廳。小倩有個很不好的習慣，就是非跳到舞廳關門才肯回家，久而久之小張就受不了。

有一次他們從舞廳出來已是凌晨一兩點了。小張說：「你的慢四步舞跳得很棒，我還沒看夠。你一路跳回宿舍怎麼樣？」

小倩撒嬌說：「你想累死我啊！」

小張一副認真的樣子：「不要緊，我用快三步陪你跳。」

小倩噗嗤一樂：「虧你想得出，丟下我一個人也不怕我碰上流氓。」

小張這時言歸正傳：「那你在舞廳丟下我一個人，也不怕我打瞌睡被人抬走喔。」

小倩這時才知道男友根本沒有興趣跳舞，以後就有所收斂了。

三、讓對方站在你的立場上考慮問題。

把戀人的某種缺點抑制在萌芽狀態，有時需要用合情合理的話語，把你的心掏給他，作一次傾心的交談。儘管他會認爲你小題大做，但過後仔細一想，會認識到自己的不對，從而更加珍惜你對他的一片真情。

小娟和男友小黃談戀愛時，小黃的父親生病住院，花費不少。過年她和小黃去她大哥家拜年，見小黃帶的是兩瓶普通的酒，很生氣，便自作主張地要把小黃的姐姐想孝敬父親的高級人參酒帶去拜年。

小黃心裡很不樂意，但他知道小娟愛面子，便藉故把小娟叫到房間，推心置腹地說：「這酒可是我姐姐對父親的一片心意。我父親當然沒有什麼意見，因爲他只有我這麼一個兒子，又還沒成家，去你家拜年大方一點也是應該的。可是你想一想，要是這件事讓我姐姐、姐夫知道了，心裡會是什麼滋味。假如你嫂嫂把我們送給她的東西拿去孝順別人，你心裡又是什麼滋味……」

小黃一番至情至理的話說得小娟後悔地低下了頭，主動向小黃認了錯。

四、用身體語言表達你的內心感覺。

我們知道，從表情、舉止等身體語言能夠看出一個人的內心世界。有涵養的戀人往往能從對方的一舉一動甚至一顰一笑中體察到他的內心情感。當男友觀看節目總喜歡滔滔不絕地發表評論影響女友或旁人時，女友可以用恰當的身體語言來表示內心的不滿。比如神情專注地觀看節目，表示無法分心聽他的高論，或者找一本雜誌來看，以轉移視線，表示興趣不一。慢慢地他就會因爲自己的高見沒有聽眾而就此打住。

扮演夫妻的你／妳

謹記原則：呵護婚姻，促進夫妻和諧

有人說，婚姻是愛情的墳墓。
一旦結了婚，情愛的拋物線越過了最高頂點以後，
一切都會復歸於平靜。那時，在戀愛期間可以忽略不計的缺點，
便會被重新發現、重新審視、重新計算，再加上兩人世界中的矛盾，
夫妻之間的戰爭就爆發了，有時還會越演越烈，以致不可收拾的地步。
因此，精心呵護婚姻，不斷增進感情，保持婚姻的美滿和家庭的和諧，
是每一個人都必須認真對待的問題。

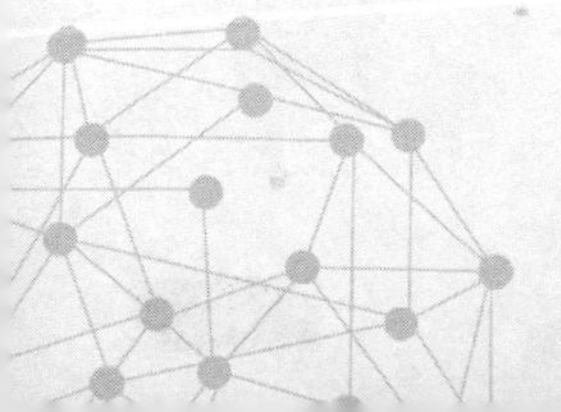

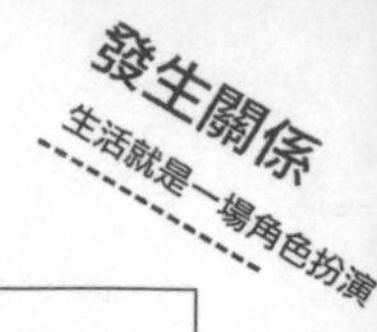

努力保持夫妻和諧

婚姻能給人歡樂，也能給人煩惱。人們必須對婚姻經常不斷地進行檢查、調節和培育，即使是美滿的婚姻也應如此。下面的幾點秘訣可供借鑒：

一、樹立正確的愛情觀。

對許多人而言，愛情是一種誘人的，具有浪漫色彩的東西，他們期望彼此能在感情上得到滿足。但是，某些人不是這樣，他們只知道去接受別人的感情。這是依存，而不是愛情。正確的愛情應是把另一半的快樂與幸福看作是第一位的。真正的愛情是夫妻雙方對生活的需求所做出的正確估價，以及爲此而做的努力。

二、加強溝通，經常交換意見。

在清晨或在就寢之前，夫妻雙方坐下來交談一下家庭計劃、困難、意見分歧、誤會以及其他生活各方面的問題，儘管這些事情只是生活瑣事，但是在交換意見的習慣逐步建立起來以後，婚後生活中發生的摩擦與緊張狀態就會輕易地得到緩和。

三、學會保持和延續雙方的快樂。

許多婚姻失敗的例子都出於差不多的原因，他們不懂得儲蓄，不懂得制訂長遠的家庭計劃。他們太熱衷於一時的快樂與消遣。快樂、消遣夠了，便開始爭吵不休，然後離婚。他們不懂得離婚並不能解決夫妻之間矛盾的基本問題，這些問題會隨同他們一起走向新的家庭。夫妻應學會保持和延續快樂，不可因一時衝動而有損夫妻感情。

四、主動承擔責任，盡量適應對方。

婚後生活的矛盾是夫妻雙方造成的，當雙方發生意見分歧時，不要過度要求對方改變觀點、習慣等，唯一能改變的就是你自己。

五、互相忍讓解決問題。

假如丈夫願意去掃地而減少打高爾夫球的次數，妻子就願意改掉瘋狂購物的毛

病；如果妻子能夠改掉從牙膏中間擠的習慣，丈夫也能牢記住妻子囑咐過的家務事。由此可見，互相忍讓是婚姻的潤滑劑。

六、講究語言的藝術。

人人都很喜歡聽到讚美自己的詞句，那麼我們何不好好掌握語言的藝術呢？小說家阿諾德・貝內特說過，夫妻之間的禮貌問題一直是導致婚後雙方感情破裂的原因。當然，我認爲也不一定都是這樣，但是，如果你每天試著對妻子或丈夫說讚美的話，哪怕只說一次，愛情爆發的力量將會使你大吃一驚。

婚姻好比是登山人員的宿營地，高山就象徵著生活。在那裡，登山人員要計劃征服巨大的山脈，努力地從不同的路線向頂峰攀登。而宿營地就是進行通訊聯絡的地方，是制訂計劃、做出決策的地方，也是登山人員撤下山來用餐、取暖、避風、恢復體力準備再向新的高峰衝刺的地方。

以積極的行動滋潤愛情

雖然擁有一位滿足的太太和一個和睦而快樂的家庭，對男人來說比賺一千萬元還來得重要，可是在一百個男人之中，可能還找不到一個曾經真正慎重思考過如何讓婚姻成功這個議題的，他把一生中最重要的事情交給了命運，成功或失敗就看幸運之神是否照顧他。

每個男人都應該知道，用奉承的方式可使太太願意做任何事情；他應該知道，就算只誇獎她幾句，說她把家裡照顧得多好，她就會更認真仔細的去做這件事。其實每個人都一樣。男人如果告訴太太，說她穿上去年的某件衣服多麼的美麗可愛，她就不會去買當季的最新款式。

當然，妻子也不應該被動地等待，而應該採取積極的行動。那麼，我們要怎麼做，才能維持家庭的和睦、提升愛情的深度呢？以下是一些實用的建議：

一、每天都要表現出愛心。

在針對一千五百多對已婚夫婦的研究裡，一位西方心理學家發現，男人認爲造成婚姻不合的最普遍原因，妻子不知道表現愛情是第二大原因，僅次於妻子的嘮叨、埋怨。

許多女人碰到危機的時候，都能夠高明地應付自如，可是很可悲地，她卻不知道丈夫最渴望的是什麼東西。假使丈夫失業了，患病或是被關進監獄裡，妻子都能夠毫不動搖地幫助丈夫。但是當生活正常平穩的時候，妻子就忙得忘了告訴丈夫他在自己的心目中是何等重要。

大部分的女人相信，她們是應該被愛護的、聽人講些甜言蜜語的。但應該注意的是，通常抱怨丈夫忽略她們、不懂得讚揚她們的女人，往往也吝於對丈夫讚賞示愛。她們時常挑剔和批評錯誤。反過來說，最能夠體貼地表示出愛心的女人，也最能夠從丈夫身上得到最多的注意力。

有人把夫妻間對愛情的冷淡叫做精神食糧不足。這是一個很恰當的比喻。因爲，男人不是只靠麵包就活得下去；有時候他也需要一塊愛的蛋糕——還要在上面加一點糖霜。

二、摒棄完美主義。

有責任心的妻子，常常會換上過度完美主義的毛病。孩子們的行爲總是要管教好，晚餐要做得美味可口，家裡要一塵不染。完美主義者常常過分注重細節，而忽略了重要的大事。事情發生的時候，請以一副好心情去接受，不要把小事攪得天翻地覆，這樣就可加強夫婦間的愛情。

一位研究者甚至認爲：愛情和整理完好的家務常常是無法並存的。當一個家庭整理得太整潔時，夫婦相互之間的愛情就像那個機械化的家庭一樣，已經達到冰凍的程度了。溫暖的愛情，以及隨之而來的幸福，總會造成隨意和凌亂，至少在某種程度上會如此。真可惜，從來沒有一個真摯而熱情地愛著丈夫的女人能夠做個完美的家庭主婦。

這種觀點也許有些偏激，但值得那些瞪大眼睛注視著一棵樹，而忽略掉整座森林

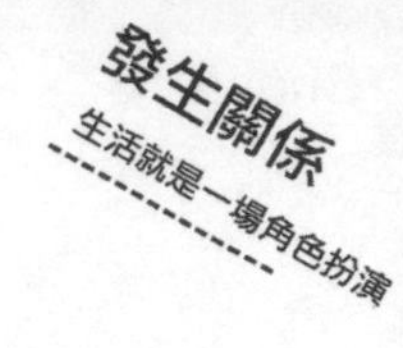

的妻子反思。

三、用寬容代替嫉妒。

愛情就是給予，要給得豐富與慷慨。有些妻子願意在許多大事上做出犧牲，但卻常常在許多小地方缺乏精神上的慷慨——例如，嫉妒丈夫從前的女朋友。

如果丈夫無意間提及他今天碰見了過去的女友，而如果妳表現得非常氣憤，那就顯得太吝嗇太不夠慷慨了。最聰明的做法是試著讚美她的優點。

四、對於每一件小事，都要表示謝意。

男人在結婚以後，不時帶妻子去看看電影，度過一個愉快的晚上；送給妻子一束紫羅蘭；甚至只是每天早晨倒個垃圾……雖然家事本就該夫妻一同分擔，但他也很希望聽到妻子道謝的。如果他所做的每件事情，妻子都視爲理所當然而不加致謝，無疑的，這個丈夫往往會停止取悅他的妻子。

有些妻子，並不在意丈夫每天爲她們做多少小服務，這只是因爲她們習慣於讓丈夫爲她們做這些工作。爲了維持丈夫的熱情，趕快對他所做的一切表示感謝吧！

五、要互相諒解和體貼。

當丈夫想要換上拖鞋休息一會兒的時候，我們卻穿好衣服想要出門，這是不行的。體貼的妻子，應該先瞭解丈夫每天在外面辛苦工作，回家會需要什麼，然後才盤算自己的需要。

六、支持對方在生活中的多種角色。

夫妻之愛包含了人際之愛的很多層面，因爲夫妻雙方都有各自的家庭生活背景，也都在生活中承擔多種角色。例如，妻子是孩子的母親，是她父母的女兒，是同事的朋友。夫妻本就該學習和多種角色接觸。而生活中的衝突往往是：妻子只希望丈夫對自己的小家庭的盡責任，而不希望他老是往父母家跑，忘了丈夫也是兒子，需要盡孝敬父母的責任；而丈夫只希望妻子忠實於婚姻感情，而否定她身爲某人同事的角色。支持對方在生活中的多種角色，以此爲基礎的夫妻生活才是自由、幸福、美滿的。愛，

Life is a journey of playing roles

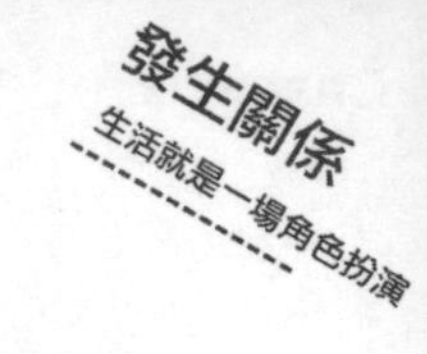

使夫妻之間並非固守某種狀態，而是不斷充實自己，保持在對方眼中的新鮮感；愛，使人有能力發現配偶、子女身上獨特的、不為他人所具有的美；愛，使夫妻雙方忠貞不渝、相敬如賓、互相扶持，從婚姻中享受到無盡的歡樂和幸福。他們在事業中也能以飽滿的精力和高水準的抱負去實現自己的願望。家庭生活和諧的人，在事業中與人相處也會和諧。

七、婚姻幸福需要時間和耐心。

一位心理學家曾調查過四百對幸福的夫婦。這項調查指出，一般夫婦要互相適應的平均時間是六年。請注意這是一個平均時間，許多夫婦可能適應的時間更長。當一對年輕的夫婦結婚幾個月或者幾年之後，發現戀愛時那種緊張興奮的感覺沒有了，他們不應該因此感到沮喪，婚姻的幸福需要時間和耐心。一旦浪漫的熱情消失便去尋找另一個伴侶，這實在是一種錯誤的想法。下面的故事正好討論到這個問題。

有天，一位年輕的太太到心理醫生皮爾的辦公室。她抱怨她的婚姻一點刺激也沒有了。她結婚九個月，可是先生對她的愛撫已經無法使她怦然心動。日前她認識了一位年輕人，給她帶來一種興奮感。於是她來諮詢心理醫生的意見，她想知道是否可以和先生離婚，與年輕人結婚。她說她想要「重享浪漫的刺激」。

「好吧！女士，」皮爾說，「假設這種新的興奮滋味，如同第一次婚姻一樣，只能維持九個月，那以後怎麼辦？事實上，也許第二次婚姻只能維持五個月，因爲刺激一旦重複，效果是會消退的。等妳年過四十，青春不再時，想要重享這種刺激可能就沒那麼容易了。妳必須瞭解，妳所要找的刺激只是生命發展中某一階段的產物，而妳期望它能無限期地延長，這簡直是小女孩天真的夢想。這種事是不可能，也是無法辦到的。它與人類的正常心理完全違背，而且也不切實際。」

這位年輕太太並不瞭解一項事實：性的興奮只是成功和歡愉婚姻的一部分。有許多年輕的夫婦認爲，當性的興奮消退之後，愛情也沒有了。他們沒有在性以外的各方面互相協調適應。因爲這種不成熟的態度，他們也不肯對婚姻生活的其他各方面努力。生理方面的關係雖然很重要，但絕不是婚姻生活的全部。

理智看待對方的過失

從戀愛的時候起，情人間互訴過多少愛情誓言是難以計數的。但結婚以後，為了真正實現長相知、永相守，夫妻間必須經歷多少感情的波折，同樣也是無法預料的。

有社會調查表示，目前夫妻關係中，關係較好的占百分之四十；關係一般、有些矛盾的占百分之三十；關係惡化，經常吵架甚至鬧離婚的占百分之三十。自然，這幾個數字所描繪的，絕不是美妙的圖畫，新婚夫婦們應該以此為警惕。

心理學家曾對八十例夫妻間的爭吵進行分析，發現百分之七十五以上是由於一方的責怪所引起的。這些責怪往往起因於發現了某些過失，可能是對方太過疏忽而犯了錯誤或無意間脫口說錯了話。當受到責怪那一方不服而辯解，或反過來責怪時，夫妻間的彆扭就越鬧越大了。這種由責怪引起爭吵，由爭吵引起感情破裂的事情，真是不勝枚舉。

心理學家說，在受到別人的指責或責怪時，大多數人都會想辯駁，除非是做了明顯不可推諉的錯事。所謂辯駁心理，就是想為自己辯解，說明自己錯得無意，或者因爲情況複雜，錯誤難免等等，無非是想找點情有可原的依據，來減輕一下自己受責怪時的心理負擔。值得注意的是，這種心理現象幾乎是本能的，可以說是一種自然防衛，也可以說是人的自尊要求。在很多情況之下，並不表示受責怪者想推卸責任。實際上在辯解之後，他的心理漸趨平衡，接著便會開始自責並承擔責任了。只有一向驕傲或虛榮心太重的人，才會一味地推卸責任。

瞭解了這一點之後，在你發現對方的過失而責備他時，不妨聽他辯解幾句，讓他心裡好受些。不可一味的責備，將他辯解的言詞一句句地反駁，讓他沒有台階下，這時必然會使他更激動，音量更高，態度更強硬，連不理智的話都會冒出來，爭吵這時就會發生。

也許，對方的某一過失並不值得你加以責怪，因爲那只是一個小過失；或者在那種情形之下，換成是你，那過失也是照犯不誤的。即使對方的過失不小，這種道理也同樣存在。因此心理學家主張，爲了減少過失進一步爲雙方帶來不快，夫妻間在發現對方不算嚴重的過失時，最好不要去責備他。如果你能夠安靜地聽他講述事情的經過，聽他爲自己辯白，然後帶著寬慰對方的語氣說一聲「啊，今後注意一些就是了！」

或者「算了，算我們運氣不好吧。」這是最好的處理方式，此時有過失的一方定能如釋重負。雖然他還在自責，然而心理壓力確實減輕了，而且深深地感激你。

事實上，過失是難以避免的，因爲每個人都會犯錯，例如不留神打碎了玻璃，遞茶時燙了對方的手等。且不說這些過失一般人並不會太過生氣，就是犯了更大的錯，在對生活有著開朗豁達態度的夫妻之間，也不會大驚小怪，互相指責吵架的。因此夫妻關係中，雙方還是心胸寬廣、能夠互相體諒爲佳。倘若彼此性情狹隘，斤斤計較，得失觀念太重，家庭生活肯定難以平靜。因此那些婚姻生活心理準備不足、太過充滿理想的新婚小夫妻，才會容易因一方的小過失而引起雙方不快。

不要隨便指責對方也是一大重點，與此同時，新婚夫婦還應該注意，少犯有損對方自尊心或傷害雙方感情的過失。這些過失不同於打碎物品或丟失東西，可以用金錢來計算，一旦傷害了感情，就會在夫妻間微妙的關係中投下陰影。比如，妻子好幾次嫌丈夫出門穿得不夠整齊，襯衣扣子不扣，某次丈夫還是老樣子，就有點生氣地說：「你總是穿的不像樣，早知道就不跟你結婚了！」此話說得太重，很容易傷害他的自尊心。碰上脾氣差的丈夫馬上還一句：「妳後悔了？那我們就離婚吧！」這樣就兩敗俱傷了。在對彼此相互評價的問題上，夫妻雙方都是很敏感的。

一旦自己有了某些過失，應該大膽、主動地認錯。認錯態度誠懇，對方便不好意思再責怪下去。坦率地認錯在一定程度上可彌補過失帶來的損失。最好這樣想，對方發現你的過失時，發出一兩句怨言也是難免的。你爲自己辯白當然可以，但話說完也就行了，不要再反覆說個不停，好像你更有理，這樣就會使對方加重火氣，認爲你企圖爲自己開脫。除非你的過失並沒有發生，只是對方對你的誤會，需要解釋清楚。即使是這種情況，也不一定要馬上跟他爭辯，可以等對方冷靜下來再作解釋。這樣一來既避免了激動時的爭吵，效果當然好得多。

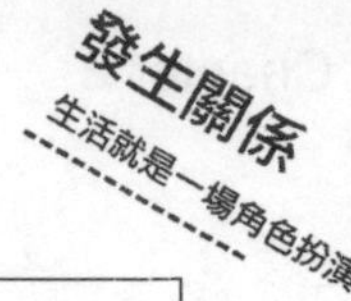

換個方式改變對方

有些丈夫苦於妻子太嘮叨。一位丈夫說：「我和她在一起時，她總是碎念我，說我這也不是，那也不是，真是煩透了！」還有一位丈夫說：「妻子下班回家，門一開，罵聲就先來，什麼地上髒啦，東西放錯地方啦，『我晚下班你也不幫忙洗一下米』。我本來想等她一回家就說句體貼話，可是聽到這些指責，心都涼了一半啦！」

看來在夫妻之間，嘮叨、過多的指責是會影響夫妻關係的。

那麼，爲什麼會發生這種現象呢？

人們在結婚以前，往往會對婚後生活、夫妻關係，抱有很多幻想和期望。這些幻想和期望往往不那麼切合實際，例如把自己看得很完美，認爲自己的一切要求都是合理的，而對方應該要絕對符合自己的要求。例如妻子希望丈夫溫雅、強壯，在事業及家務上都很能幹；而丈夫則希望妻子溫柔、熱情、既有學問又不超越自己。如果一方認爲對方並不太符合自己的要求，或是指望一下子就得到全部滿足，那就會感到失望，甚至心灰意懶、極度沮喪。

這種失望心情很可能因爲比較而變得更加強烈。例如：妻子看到別人的丈夫很會做家務事，而更加感到自己丈夫的笨拙；丈夫看到別人的妻子很會打扮，而更加感到自己妻子的庸俗。如果用這種比較的方式指責配偶，會使配偶更加傷心。

一位妻子有個很能幹的父親，對於料理家務十分內行，修修補補、敲敲打打都不在話下。父親的形象在這位妻子的腦海裡留下深深的烙印，她認爲做男人就應該這樣。於是她總是埋怨丈夫不關心家庭，不愛做家務事，自然夫妻關係也就不融洽了。

有人勸告這位妻子，不要拿父親跟丈夫來比較，只要丈夫做好工作、愛護妻子就行了，要求不能過高。妻子聽從勸告，不再嘮叨了。結果她驚奇的發現，丈夫反而更關心家裡，開始願意做家事了。

有不少人在工作上懂得約束自己，遇到不如意的事能夠控制自己的情緒，在批評指責時總會考慮對方能不能接受得了。可是回到了家裡，對另一半卻是肆無忌憚，爲所欲爲，任意指責。他們以爲：「是夫妻嘛，有什麼關係！」實際上，這種做法大大

的傷害了對方的感情。

對配偶指責過多是十分有害的，常常會產生以下不利的後果：

—由於壓抑怒氣而變得極為沮喪。

—心靈上的痛苦會影響生理狀況，從而出現一種或幾種身心疾病。

—變得凶狠、感情冷漠，或是性冷漠。

—失去個性。

—把不滿發洩到孩子身上，並造成孩子的心理障礙。

—夫妻鬥嘴或是吵架，互相發洩不滿。

—感受到婚姻枷鎖，於是要求離婚。

不論是以上哪種結果，都是很不好的。人們當然希望另外一半能使自己滿意，但若是想透過批評、指責、嘮叨去改變他人，那是不可能的。即使你完全正確，也不可能控制或壓服對方。你批評指責得越多，對方就可能被趕得越遠。

記住：嘮叨、批評和指責是婚姻的墳墓。如果你有這些不良習慣，趕快懸崖勒馬吧！

在夫妻之間，過多的批評、指責所引起的後果往往是消極的，而且會產生對立心理和牴觸情緒。

那麼，應該怎麼做才是正確的呢？

一、要反躬自問。

當自己對另一半產生不滿情緒並想在他面前發作出來的時候，要問自己三個問題：第一，我的要求合理嗎？如果對方達不到這些要求，是主觀方面的原因還是客觀方面的原因？第二，不要光想著對方沒有滿足自己的要求，而首先要反省：我滿足對方的要求了嗎？第三，如果一定要表露自己的意見，那麼就要考慮：這種方式恰當嗎？

二、從自己做起。

關於夫妻之間相互是否滿意的問題，應該樹立三種態度：一是我不能夠透過直接的行爲改變他人，二是我只能改變自己，三是我改變時，他人也會相應地改變。

有一位妻子，她喜歡讀書，也喜愛社交活動，但是不善於整理家務。丈夫再三埋怨她、指責她都沒有結果。丈夫說：「罵也沒有用，真不知道該怎麼辦。我並不追求盡善盡美，但每個星期至少也該整理一次屋子呀！看到家裡亂七八糟，想到妻子邋里邋遢，真使人難受。」後來，丈夫決定自己動手整理屋子，因爲他反省自己做得也不夠，而指責妻子實在太多了。

這個辦法確實有效，妻子逐漸克服了心理障礙，願意承擔起整理收拾的任務。雖然偶爾有些反覆，但每當妻子不整理屋子時，丈夫總是默默地接替整理的任務，直到妻子正當地負起責任來。

這種做法比較好，因爲最好的改變是發自內心的。如果你想讓一個人改變，一定要使對方確實感受到自己的需要。在這方面，要瞭解對方，決不要有任何勉強。

三、不要計較小事情。

夫妻雙方不可能在大大小小一切問題上都那麼稱心如意、相互配合得天衣無縫。每個人都可能有某些小缺點或小習慣惹人厭煩。但若夫妻之間只因爲擠牙膏的位置不同而起衝突，那就太可笑了。如果你認爲非改變對方不可，就要先去尋找爲什麼對方某個習慣會如此干擾你的原因，真正的問題可能在自己。心理學家羅傑斯說過：「對自己和別人內心的真實世界越開放時，我發現自己越沒有那股改變事情的衝勁。」這是有道理的。

因此要有耐心，耐心是建立良好婚姻關係的基礎之一。人和人之間要有必要的妥協與讓步，在夫妻之間也是同樣。如果看不慣對方的小缺點，就要想著這些小缺點其實對家庭生活並沒有太大影響，而且誰沒有缺點呢？即使要提出來向對方反應，也要等待適當時機，不要夫妻一見面就嘮叨不休。不管自己是否習慣，也要試著熱情地和對方打招呼、談話，這樣做一定會得到回報的。

四、明確地表達自己的意見。

嘮叨和正式提出意見是不同的，向配偶正式提出意見，是要使配偶明確地知道自己的不滿，從而引起注意，進行改正；而嘮叨則除了是一種情緒宣洩之外，並不會產生什麼好效果。有的人只是一味地對配偶無原則的遷就，而不把自己的不滿明確地告訴對方，等到事後再嘮叨、抱怨，反而使事情複雜化了。

有一位丈夫二十年來一直耐著性子聽妻子嘮叨。有一天他終於忍耐不住，一本正經地對妻子說：「你聽著，我下班回來很累，需要休息，然後我才有興趣聽你嘮叨，我已經忍了二十年了！」

妻子聽了驚訝地說：「你忍了二十年了？我真不知道你是太客氣、太體貼人，還是太笨，連句話都不會說！你要先休息一下，就休息好了，爲什麼不早說呢？」

是啊，如果這位丈夫早點明確地表示自己的意見，也許這個問題早已解決。

再如，有位丈夫對妻子不夠尊重，有時甚至在朋友面前使妻子難堪。妻子當下總是忍讓，事後才發發牢騷，但卻實在於事無補。她應該在丈夫當著朋友的面使她難堪時，即時冷靜而堅決地對丈夫說：「你不該說這種沒有禮貌、欺負人的話，我想朋友們也和我同樣地不安。如果你對我有什麼不滿意，可以回家再說。」

如果丈夫還是不改變態度，妻子可以理直氣壯地說：「我已經提醒你不要這樣無禮了，我不願意在朋友面前和你爭吵，但是我不能容忍你的行爲。我先回家去了，以後再談。」經過妻子一次兩次這樣明確地表明態度抗議丈夫的行爲之後，最後終於迫使丈夫做出了的改變。

五、不要說使對方受傷害的話。

原則要堅定，但態度還是要靈活，說話方式方法要講究。在妻子容易受傷害的事情，丈夫不應該批評，例如：是否找了個好妻子、能否料理家務、能否生孩子，是不是不如別的女人等等；同樣，妻子也不應該在易受傷害的方面批評丈夫，例如：是否有出息、工作能力夠不夠強、是不是個好丈夫、好爸爸等。

在夫妻關係中，批評是免不了的，但是同樣的一種情緒、同樣的一種意思，可以用不同的方式來表達。例如丈夫說：「你沒有發現我們每天吃的菜差不多都是一樣的？你不能換換花樣嗎？」這種說法肯定會使妻子十分反感。

如果換一種說法：「你的菜燒得很好吃，很合我的口味。但是我記得小時候，每個星期的菜都是一樣的，媽媽做菜的手藝不很好，所以我總希望小菜能換換花樣。你看，這是我的怪毛病嗎？」這樣說，妻子就會明白丈夫的意思，而且會心情舒暢地接受這個意見。

六、對配偶要多肯定、多讚賞。

人都需要自尊，讚賞是一種肯定的誘導，就是對人自尊心的滿足，能使人十分愉快，願意上進，願意向積極的方向改變，其效果是指責、嘮叨所不能比擬的，莎士比亞寫道：「讚美即報酬。」馬克·吐溫曾說：「別人說我一句好話，我會樂上兩個月。」

事實上，從來沒有人不需要誠實、真摯的讚揚和賞識，夫妻之間也是同樣的。

有個妻子怒氣沖沖地嚷道：「我恨死我丈夫了，我要和他離婚，我要讓他的日子不好過。」

一位心理學家向她建議：「你要沒完沒了地讚美他、遷就他。當他覺得不能沒有你的時候，你再和他離婚，他就會難過到徹底垮掉。」

妻子按照專家的建議做了。半年以後，心理學家又遇到了這位妻子，問道：「結果怎麼樣，離婚了嗎？」

妻子說：「呵，沒有。我按照你的意思去做了，結果他從來沒有待我這樣好過，我們的感情從來沒有這樣緊密過，我現在把心都給了他啦！」

對於人類的心靈，讚美就像陽光。夫妻之間應該多讚賞、少責備。但是讚賞應該恰如其分，而且應該有感情基礎，出自內心。

以上所舉的例子從表面上看似乎只是一種策略手段，但是實際上還是帶有感情基礎。否則，如果變成無原則的奉承，那就不好了。

要改變另一半，應該先從自我反省、改變不良的習慣做起。

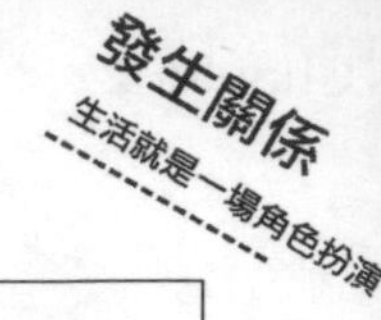

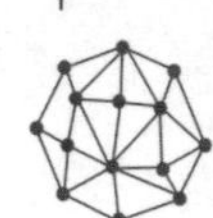

掌握吵架的原則

無論男女，應該先學會吵架，再結婚生孩子、過日子。不要認爲你多麼瞭解另一半，因爲早晚還是會碰到這種狀況的。

有人說過吵架也是一門藝術，特別是對於家庭。沒有吵架的家庭就沒有活力；而不會吵架的家庭卻是危險的，因爲每一次爭吵，都是一次家庭地震。

夫妻畢竟是兩個人、兩種性格的組合。這兩個矛盾的個體，此消彼長，維繫著平衡和統一。要知道任何時候的兩強對抗都會破壞這種平衡，引起矛盾的爆發——吵架。

下面是學習吵架的幾條準則，有興趣者不妨試一試：

一、不要自以為是，過分認真。

不管爲什麼事吵架，都不宜自以爲是。因爲那種爭強好勝的魄力對於家庭是不適用的。相反，倒應是窮寇勿追。

二、不要動不動就以離婚要挾。

離婚是家庭解體的最快方式，但也是最蠢的辦法。折磨的是自己決不是別人。即使沒有離婚的想法，只是氣話也不可說，因為這種言語對於吵架只會推波助瀾。

三、不要以性要挾。

俗話說，夫妻無隔夜之仇。如果因為吵架而影響夫妻的性關係，那就愚不可及了。因為性是維繫夫妻關係的重要條件，一旦這條鏈條發生了過節，的確是很麻煩的。

四、要忍耐，勇於改變自己。

男女之間往往會有好多習慣、愛好、性格不一致，常常會因一些小事而爭吵不已。如果有一方或者雙方都能忍耐，或者改變自己的生活習慣，那就會化干戈為玉帛，打破僵局。當然任何改變都是痛苦的，不過為了愛，為了永久的和平，做點犧牲總是值得的。

巧妙化解夫妻衝突

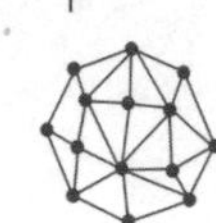

曾經有人說過，夫妻唇齒相依，既然如此當然也就免不了唇齒相嚙。處理得好，爭吵會在平靜的生活中激起波瀾，過後雙方相互更加瞭解和體諒，乃至回味無窮。但是，這種化解藝術並非人人都能掌握，弄不好家庭的破裂就會從這些小小的爭吵而產生。還是小心避免，少去嘗試爲好。

對於家庭中的爭吵，我們應該重視、警覺，並設法找些解決衝突、恢復關係的辦法。

一、找出爭吵的原因。

引起夫妻間爭吵的原因也是多種多樣的：

說謊。信任是兩性結合的黏合劑，特別是婚姻成爲現實，雙方的性吸引力趨於平緩後，夫妻感覺到最多的是對家庭的共同責任，一旦發現對方說謊，就會覺得對方不負責任，信任感消失，裂痕馬上出現。

有的人說謊是出於好心，怕引起對方的懷疑，結果卻欲蓋彌彰，不能自圓其說。如聽到關於對方不利的消息，怕傷害對方的感情或增添對方的心理壓力，而不願將真情相告。有的人當然是出於不信任，怕對方不同意自己的做法而不敢將事實說出來。無論哪一種，處理不好都會引起對方的不愉快。

揭短。夫妻最瞭解彼此的缺點，數起缺點來最順口，最中要害，也就最傷感情。體格、行爲、品格等方面都可以挑出短處，都是本人最不願提起的，夫妻間因愛而寬容、而避諱。一旦入攻心頭，心照不宣的默契被打破了之後，那就會利劍所指，傷痕淌血，使各自的自尊心受到嚴重的損害，愛也就被割斷。

任性。戀愛時雙方爲縮短交往距離，往往僞裝自己，遷就對方，因此容易達到和諧共識。婚後，空間距離消失，相互掩飾和協調的心理減退，往往變得隨意任性。丈夫多花了幾個錢，過去大方的妻子這時便會嘮叨個沒完，好性子的丈夫也忍不住回了幾句硬邦邦的話，衝突於是爆發。

二、積極化解衝突。

矛盾出現了，該怎樣化解呢？

多忍讓。夫妻間的爭吵、矛盾常由小事引起，不一定非斷出個是非不可。聲音大一點，態度硬點，就算把對方壓下去了，又哪裡會贏得喜悅？如果態度溫和，語調低緩，或者乾脆不吭氣，以沉默相對。對方火力發射無目標，也就氣焰減弱，吵不起來了。

在家庭生活中，總會遇到一些衝突。尤其在夫妻雙方都很忙碌、很疲勞的時候，發脾氣是常見之事。這種情況下，多忍讓可以避免許多無謂的爭吵。

要講理。爭吵起來，常忘了講理，無理狡三分，得理不讓人。如果能穩定一下自己的情緒，心平氣和地講道理，對方的情緒不再被激怒，所講的道理就能入耳了。

少發洩。窩在肚裡的怒氣一直憋著並不好，適當的發洩可調節情緒。任性無節制地發洩，會讓對方難以接受。一般說來，自我消怒或注意力轉移，比發洩怒氣要好。

學點幽默。幽默總會令人不禁啓齒而笑。面對的是自己的妻子或丈夫，怎不喜歡他化怒顏為笑容？

有一對老夫妻吵架後，彼此開始冷戰。過了幾天，先生忘了吵嘴的不愉快，想和太太說話，可是太太就是不理他。

後來，先生在所有的抽屜、衣櫥裡到處亂翻，弄得老太太忍無可忍，她問道：「你到底想找什麼呀？」

「謝天謝地，」老先生說，「我總算找到你的聲音了。」

老先生這一番舉動，著實令人佩服。他透過這樣巧妙的方式，達到了重新和好的目的。通常在這種情況下，用一般說理的辦法相對很難奏效。

我的另一半外遇

一位美國婚姻家庭問題專家指出，如果夫妻之間能時時培植愛情的沃土，如果那些愛情的犧牲者能及早察覺危險的信號並加以排除，那麼其中多數人就能防患於未然。專家發現，出現婚外情通常有以下三個原因：

一、孤獨。

安吉拉說道：「我的丈夫瑞克在家時，幾乎把時間全用在他的電腦上了。有一天，我去逛書店，手上挾著幾本書、錢包和一袋雜貨。當我想拿錢包時，不小心其餘的東西全都掉到了地上。這時，一位熱心的男人幫我拾起了剛買的小說，並問道：『你喜歡讀赫爾曼・海西的書嗎?』大約一周後，我在書店又遇到了他。第二天，我們在一起聊了差不多三個小時。一件事往往會引起另一件事。當然，平心而論，這不是兩性之間的吸引，只是談談話而已。可是對瑞克來說，我不過是生育的機器，我們沒有多少共同語言，我時常感到寂寞得無法忍受。」

外遇的主要原因之一就是寂寞感。如果一個人的生活中缺少親暱，那就會產生寂寞感，當人們在生活中沒有人與之共同感受或分擔大大小小的事情時，他們就會感到孤獨。

二、單調。

一位美國男人對心理學家描述說：「七年來，我一直幻想著別的女人，但卻沒有想過搞外遇。一天晚上，我參加了一個晚會，因爲妻子外出了，所以我感到很孤單。這時，一個女人建議我到她的住處去喝一兩杯酒。剛開始我很吃驚，甚至有點恐懼。我對她說我不能奉陪。但是，她的邀請令我很興奮。兩天後，我打了一通電話給他。就這樣，我們開始了婚外情。」

這種興奮和刺激的誘惑是造成不忠貞的第二個普遍原因。在結婚五六年後，夫妻間的情慾很可能已經減退了，日常生活變得公式化，顯得十分單調。相比之下，婚外情卻有幾分冒險的意味，挑逗、追逐、驚喜、危險、放縱的情慾，等等。

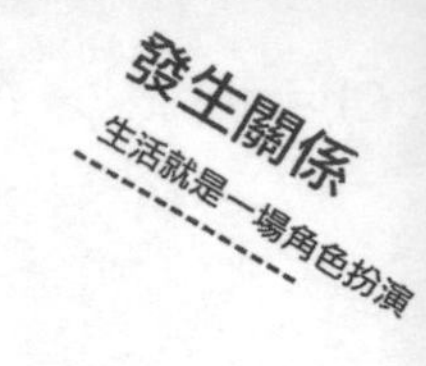

三、缺少相互溝通與交流。

一天晚上，敏蒂告訴朋友她和丈夫吵架的事情。她說：「我經常因爲霍爾不幫我照料家務而發火。記得有個星期五，他問我晚飯吃什麼，我回答說，我還沒有計劃呢。他居然生氣了，但我的火比他更大。他跑出家門，高喊著：『我不吃你這一套！』後來他告訴我，就是在那天晚上，他第一次和女朋友發生了關係。」

許多夫妻都不承認在他們的婚姻中存在著破壞性的交流方式。他們時常相互指責，憤怒和沮喪滲透到家庭生活的各方面。

夫妻之中任一方，從這種破壞性的交流方式中蒙受的痛苦越多，他（她）就越感到壓抑和沮喪，也就會向對方宣洩更多的憤怒和咒罵。

如果你決心要重建你們的關係，那麼，下面的建議將會有助於你。

一、處理好工作與家庭的關係。

有一位女醫生，她爲了一項工作拚命了十一個月，把丈夫和家庭都拋在一邊。有一天，她一直工作到半夜十二點三十分才上床。她的丈夫終於發怒了，他說：「我已經受夠了！你的工作比我還重要。」

不管你關心的事情是工作也好，孩子也好，都不能因此而沖淡你和配偶的關係。如果你長期把配偶放在一邊置之不顧，那就等於把你的另一半推到了別人的身旁。

二、建立現實的目標。

假如你想讓你們的夫妻關係回到新婚時那種熱戀的激流中，那你將會感到失望。這並不是因爲你們的浪漫時期已經一去不復返，而代表你不能再用過去的經歷衡量你們的關係，因爲你們雙方都有了變化了，你們的關係也和過去不同了。因此，你應當隨著時間的推移，對夫妻關係提出現實的要求。

三、樂於改變自己。

一位證券經紀人說：「我不斷告訴妻子我需要更多的關照與溫情，有時我幾乎是懇求她來觸摸我，但她總是岔開話題不理睬我。」

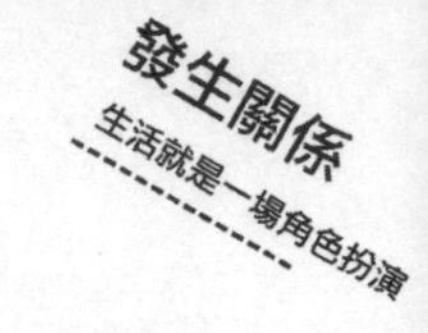

夫妻雙方都應當樂於改變自己來維持他們的關係。重建和諧的夫妻關係是需要時間和雙方努力的。好的戀人會告訴我們，他們從不認爲另一半會理所當然地愛自己，只有經過雙方不懈的努力，這愛的過程才會無休止地延續下去。

我們還不能確定究竟是什麼因素破壞了婚姻，然而，我們可以確信的是，如果能消除婚姻中那些破壞性因素，就能減少配偶不忠貞行爲發生的機會，並且改善婚姻狀況，建立一個幸福的小天地！

扮演**父母**的你／妳

謹記原則：**尊重子女，做合格的家長**

現在的父母都為孩子付出了很多——包括金錢，時間和各種努力。
但是，很多家長卻沒有得到他們所預期的回報，
孩子並沒有朝著家長設計好的路線和所期望的方向發展；
而且，孩子對父母付出的心血並不感激，甚至還會產生反抗心理。
家長必須學習培育孩子的技巧，改善與孩子相處的方法，
才能成為合格的父母、受孩子歡迎的家長！

給孩子有理智的愛

有一座湖叫做天鵝湖，湖中有一個小島，島上住著老漁翁和他的妻子。漁翁搖船捕魚，妻子養鴨餵雞，除了買些油鹽，他們很少與外界往來。有一年秋天，一群天鵝來到島上。牠們是從遙遠的北方飛來，準備去南方過冬的。老夫婦看到這群遠方來客，非常高興，因爲他們在這兒住了這麼多年，從來沒有誰來拜訪過。漁翁夫婦拿出餵雞的飼料和打來的小魚招待天鵝，漸漸地這群天鵝就和漁翁夫婦成了朋友。牠們在島上不僅敢大搖大擺地走來走去，而且在老漁翁捕魚時，牠們也隨船而行，嬉戲左右。

冬天來了，這群天鵝竟然沒有啓程往南飛，牠們白天在湖上覓食，晚上在小島上棲息。當湖面封凍無法覓食的時候，老夫婦就打開茅屋讓牠們進屋取暖，並且給牠們食物。這種關愛一直持續到春天來臨，湖面解凍。日復一日，年復一年，每年冬天，老夫婦都這樣奉獻著愛心。

有一年，老夫婦老了，離開了小島，天鵝也從此消失了，不過牠們不是飛向了南方，而是在第二年湖面封凍的時候凍死了。這些天鵝就是在老夫婦的愛心中，失去了生活自理的能力。當愛心遠離，他們面臨的只有死亡。

在我們周圍，類似這樣的事情真是太多了。一位母親爲她二十三歲的兒子傷透了心，她不得不去找心理專家。

專家問：「孩子第一次繫鞋帶的時候打了個死結，你是不是不再買給他需要綁鞋帶的鞋子？」夫人點了點頭。

專家又問：「孩子第一次洗碗的時候，弄濕了衣服，你是不是再也不讓他洗碗？」夫人稱是。

專家接著問：「孩子第一次整理自己的床鋪，整整用了一個小時，你嫌他笨手笨腳，對嗎？」這位母親驚愕地看了專家一眼。

專家又說：「孩子大學畢業去找工作，你又動用了自己的關係和權利？」

這位母親更驚愕了，從椅子上站起來，湊近專家問：「您怎麼知道的？」

專家說：「從那根鞋帶知道的。」

夫人問：「以後我該怎麼辦？」

專家說：「當他生病的時候，你最好帶他去醫院；他要結婚的時候，你最好替他準備好房子；他沒有錢的時候，你最好送錢去給他。這是你最好的選擇，別的我也無能爲力了。」

在母親無微不至的愛心中，孩子一次次地失去了鍛鍊機會，最後連最起碼的生活自理能力也喪失了。他今後將怎樣面對生活呢？

這裡必須提醒各位家長：愛孩子，還是從培養他們的生活自理能力開始吧！

鷹媽媽在小鷹長到足夠大時，便會把墊在窩裡的一切柔軟東西都丟掉。一旦樹枝上的刺會刺痛小鷹，小鷹便會本能地往邊緣移動，此時鷹媽媽就會把小鷹推下去。爲了防止下落，小鷹必須拚命地揮動翅膀，結果小鷹的命保住了，也學會了作爲鷹基本的生存能力——飛翔。

當今的孩子從出生起，父母便給予了無微不至的關懷，常常會有一種「含在嘴裡怕化了，捧在手裡又怕掉了」的感覺。大人們一直在保護著他們，讓他們吃飽，讓他們穿暖，滿足他們一切需要，每天爲他們遮風擋雨，希望他們永遠不受任何的傷害。這些孩子們在享受大人無限關愛的同時，慢慢地以爲世界上就只有自己這一個圓，自己是中心，別人的愛是半徑，不管別人畫的多累，都覺得是應該的，自己只能享受別人的愛，卻不懂得去愛別人，這樣的孩子將來怎麼在社會立足？

其實，正是在大人們所謂的愛中，孩子們成了生活上的矮子。有些孩子上了小學還不會自己穿衣服、自己繫鞋帶、自己扣扣子。

當你用懷抱、用你的愛去擁抱孩子時，當你替他們解決了一切問題時，你是否想到了你的「愛」已變成了束縛孩子的枷鎖？你是否想到了這種愛也會變成一種傷害？你已不小心折斷了孩子生存的翅膀，他們無法親自感知、體驗生活中的酸甜苦辣、成功與失敗，沒了想像的翅膀，沒了自由的空間，他們只是木然地享受，沒了慾望，也喪失了應有的創造力、想像力。他們的世界變得無力而蒼白。這樣的孩子就像在溫室裡長大的花，經不起任何風吹雨打。所以，明智的家長是不會這樣對待孩子的。

李嘉誠的二兒子，現在已成爲香港最具實力的英才，談到自己小時候，家裡有很多輛車，但父親李嘉誠卻從來不讓自己的孩子坐私家車。他每天上學都要很辛苦地去擠公車。那時他年齡很小，個子很矮，常常被擠下來，但父親從不心慈手軟。他也曾怨恨過，現在想想卻非常感謝父親，覺得是父親讓自己懂得了在競爭中只有透過努力才能成功的道理。

我們應該向鷹媽媽學習，給孩子們真正的愛，適時地讓孩子經歷挫折，給他們一對生存的翅膀。我們應該向李嘉誠學習，給孩子們真正的愛，讓孩子懂得生活中總有些事情需要自己努力承擔才行。

父母愛孩子，這是人之常情。父母的愛對孩子的健康成長，有著很大的推進作用。那麼，家長怎樣才能把握住愛孩子的分寸呢？怎樣才算是真正愛孩子呢？

一、要給孩子有理智的愛。

這就是說，在愛孩子的過程中，要能自覺地控制自己的感情，克制那些無益的激情和衝動。前蘇聯著名教育家馬卡連柯的《父母必讀》一書中有這樣一段話：「來自父母的愛不足，子女固然會感受到痛苦；但若父母的愛太過，孩子也會由於那種過分洋溢的偉大感覺而腐化墮落。理智應當成爲家庭教育中常備的節制器，否則孩子們可能會在父母一心爲孩子好的動機下，養成了最壞的性格和行爲了。」這段話講得十分深刻。

然而有些父母，尤其是相對年輕的父母，在對待孩子的問題上，往往缺乏應有的「分寸」。他們對待孩子往往是無原則的、過分地寵愛。有的對孩子姑息遷就，任其發展；有的只知道想方設法滿足孩子的錦衣美食，卻不懂得給孩子良好的精神食糧和思維培育。這樣勢必把孩子慣壞、寵壞。這種「愛」就是盲目而有害的。

二、關愛要與嚴格要求相結合。

嚴格要求也是熱愛孩子的一種表現。所謂愛之深、責之切，意思就是說嚴格要求正是出於深切的愛。所以，做父母的不應該受盲目的愛所支配，要嚴中有愛，愛中有嚴。當然嚴格要求並不意味著對孩子動輒訓斥打罵，而是要做到以合理爲前提。同時，態度應該是耐心的，循循善誘的。

嚴格要求對孩子來說，是很重要的。這是因爲，孩子們缺乏經驗，是非界限有時不清，而且對自己情感和行爲往往也不善於獨立控制。如果家長對他們不嚴格要求，他們便不懂得主動自覺地學習，以及按行爲道德標準來行動。因此，父母必須對孩子的思想和行爲建立嚴格的標準，使他們養成良好的思想和行爲習慣。

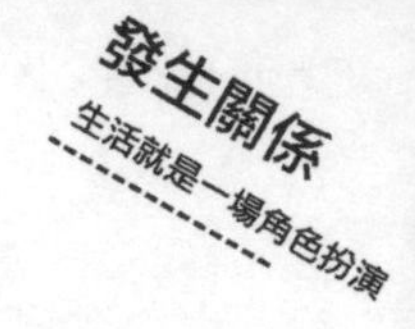

父母對子女的關愛一定要帶有嚴格的要求，千萬不要溺愛姑息孩子、過分地遷就孩子與寵愛孩子。一定要有理智、有分寸。只有這樣，才能把孩子培養成爲有良好性格及品行的優秀人才。

對孩子有理智、有分寸的愛，才是真正的愛。

和孩子保持良好的溝通

如何培養孩子，如何能與孩子暢通無阻地溝通交流，是每個家庭、每位家長所熱心關注的問題，而這也是現今社會環境下一個很棘手的問題。爲了加強與孩子的溝通，以取得良好的教育效果，父母要努力改善與孩子溝通的技巧：

一、父母和子女之間有溝通不良的問題是正常的。

很多孩子可以一邊看電視，一邊聽音樂，而又一邊寫作業，因爲他自小就在一個擁有各種各樣家電的環境裡長大，因而產生了這種多點接收的習慣和技能。這樣的系統刺激遠比單純的語言符號刺激要強烈有效的多，所以家長如果故步自封，仍然用過去自己受教育的模式來教育孩子，必然引不起孩子的興趣，相反地，甚至在孩子的眼裡，家長成了厭煩的對象；另一方面，層出不窮的高科技產品及網路資訊，深刻地影響著孩子的生活環境和思維習慣；現代的孩子還有了超前接受資訊的機會，比如說對於性知識的認識。家長可能在教育孩子的時候難以啓齒，而孩子實際上卻已經懂了很

多。溝通的困境是每個家長必須正視的現實前提。

二、注意改進和孩子溝通的方法。

很多家長對於溝通問題的認識往往都有個錯誤觀念，就是認爲只要家長說的話孩子聽了，這就是溝通。由於家長成長年代各種因素的限制，使得他們教育孩子的語言和思維相對貧乏。比如有個孩子抱怨母親一整天會說的話總是這幾句：

早上說：「快點快點，不然上學要遲到了」；

第二句是：「早餐盡量多吃點，早餐最重要」；

第三句是：「過馬路要小心，要注意車子」；

第四句：「放學回家先寫作業，寫完才可以看電視」。

這樣日復一日地說，孩子自然而然的會感到厭煩，結果反倒事與願違。所以作爲家長應該注意和孩子溝通的方式方法，學會設計問題，用問話的方式來和孩子溝通，盡量不要用陳述句，而要盡可能地讓孩子說。「問」在今天是一種高級的交流形式，父母的提問也應該具有很強的技巧。家長在這方面應該多自我學習。

三、溝通的問題要具體化。

很多家長習慣語重心長，但是說出的話卻又太過空洞。比如：「你要努力學習。」這種語言表達往往對孩子的教育效果不大。因爲這些話缺乏明顯的可操作性，孩子聽了根本不知該怎麼做，反倒容易造成心理上的緊張焦慮。積極的方式是要以具體的問話，透過鼓勵的方式漸進式地與孩子溝通，這樣比較容易激發起孩子的積極性，而且能夠把握住孩子思考、行動的方向。將孩子的行動目標分成許多小台階，當每一步都是具體而又相對容易達到的目標，他們就能在每一步中能體會到成功的樂趣。

四、創造多元化的溝通管道。

家長不能僅僅立足於語言的溝通，應該採取多種方式。孩子比較喜歡音樂，那就透過音樂的方式，要循循善誘。心理學上有「對立違抗」的說法，就是孩子首先會將攻擊面設定爲他最親近的人。家長需要認真思考一下，你是否有些語言是不能爲孩子所接受的。家長的語言用多了，往往容易引起反抗心理。各種新穎的溝通方式，比如生日蛋糕上插一面小旗子，寫著「孩子我愛你」，更容易增加情趣。常規的溝通方式往往引不起孩子的興趣。

正確處理代溝問題

隨著社會變遷的迅速，兩代人的觀念、態度、行爲與習慣有很大的距離，顯得格格不入。心理學家和教育學家將父母與子女兩代之間，在價值觀念、心理態度、道德認知、行爲規範、生活方式與思想習慣上的差距所形成的心理鴻溝，稱爲代溝。

父母常抱怨現在的子女太不尊重父母，而子女也抱怨父母太不瞭解兒女，使得原本和樂的家庭時起爭端。

父母和子女之間爲什麼會有代溝呢？心理學家認爲幼兒期所定型的人格，根深蒂固，在那時候形成的行爲模式、生活習慣、思想觀念、心態性格等，不易做太大的調整，而造成固執己見的個性。人類學家則認爲不同時期的文化觀念會帶來不同的精神規範，農業社會的文化、生活方式，與工業社會所適用的形式，畢竟是大不相同的。

那麼，怎樣正確地看待代溝呢？

首先我們應該承認一個事實，代溝並不是壞事，反而代表著一種進步，我們對待它的態度不應是排斥，而應該是歡迎。假如子女和你的意見不一樣，你應該感到高興，

因爲他有成爲獨立個體的需要，只要他的獨立是有理由的，只要他跟你的不同是有道理的，你都應該幫助他建立自我。

子女現在和你的意見不一樣，並不表示他永遠和你意見不一樣。父母的職責，並不是阻止他的嘗試，而是注意他，讓他不要出了問題。

父母與子女之間想法的不同，並不是人爲地去否定、不理會，這種差異就會消失了。存在差異是必然的，置之不理並不能解決問題。當子女與自己的意見不同時，我們只要把它當作是認知的不同，並不妨害兩代之間的深厚感情。

正確做法應該是進行良好的溝通。溝通是減少差距或誤解的唯一方法。當然，子女們與父母之間的代溝由來已久，沒有必要、也不可能在一夜之間完全塡平，想做到兩全其美，實屬不易，看來只有相互謙讓點了。能爲雙方所接受的和諧之策便是：求同存異。

求同存異是促使關係和諧的上策，它不僅可以保存年輕人的優點，也能在兩者之間尋找對雙方溝通有利的著眼點。

求同存異的基礎是理解，是相互之間情感和心理的溝通。在溝通中，要設身處地爲對方著想，做到將心比心。如果雙方都能夠角色替換，扮演一下對方的角色，體驗一下對方的情感，就能改變自己的看法，從而達到更好的交流與溝通。

求同存異還要求雙方做到忍痛割愛，捨棄有礙溝通的想法和行爲。實際上，這是一種棄卒保車之舉，雖放棄了一點東西，卻求得了雙方的和諧。

求同存異的另一個要求是雙方要能主動尋覓共同語言，達到求同的目的。有些年輕人或老年人很重視和對方的雙向溝通、互通有無。例如年老的父母經歷多、見識廣、社會經驗多，這些可以透過與年輕人的交流傳播給他們。而年輕人在科技發達的現代社會裡，也擁有一些現代化特色的知識、技能，例如電腦的使用，就可以由年輕人教授給老年人。

如果父母和孩子都能做到求同存異、理解對方，就非常有利於家庭關係的和諧。

跟孩子站在一樣的高度理解問題

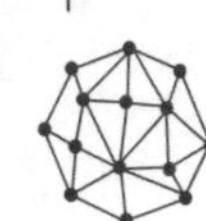

許多家長在教育孩子的過程中，很容易有一種自我中心傾向。這種傾向的特點是：在教育孩子時，家長完全從自己的角度、以自己的經驗去理解和解決問題，而不能了解到孩子對同一問題的態度和看法，似乎只認同大人對問題的理解和方法是正確的。如果長期以這種傾向去教育孩子，會嚴重影響孩子的正常發展。

對少數家長來說，自我中心是父母個性的反映。也就是說，這部分家長從年幼時起，對待各種事物就形成了一種「自我中心」的做法，在理解和解決問題時，一向不太考慮他人。於是在對待孩子時，這種心態不但反映出來，而且更爲強化。也有少部分家長，頭腦中的封建餘毒比較嚴重，「父爲子綱」的思想仍在作怪，在他們看來，家長就是絕對權威。

對大部分家長來說，自我中心傾向來自於認知和情感。在認知上，一方面認爲，「孩子是我的，怎樣教育、培養當然我說了算」，於是對孩子的學習、生活中的各項具體事情，都是「我」的主意、「我」的辦法最好，別人（包括孩子）不能發表不同意見。另一方面認為，「孩子太小，我是大人，孩子必須聽大人的」，大人比小孩高明，比小孩成熟，「我說你聽，我訓你服」是天經地義的。這樣的家長忘記了一個重要規律：外因是變化的條件，內因是變化的依據。內因在孩子身上，孩子的積極性不夠，只有家長自己一頭熱，這樣會收到好的教育效果嗎？

在情感上，由於家長過度的愛、過度呵護，服務過頭，恨不能為孩子包辦一切。這樣的情感，會大大強化他們的自我中心傾向，導致教育的低效能，甚至負作用。

專家指出，家長要克服自我中心傾向，應該從以下幾方面努力：

一、使孩子積極起來。

家長必須認識到，孩子有各種各樣的需要，需要使孩子產生動機，從而自己付諸行動去滿足需要，接著再產生新的需要、新的動機。孩子的需要和動機都有正確和不正確之分，家長應分析孩子的需要，激發孩子的正確動機，刺激孩子的積極度。如果家長一切包辦，就是以家長的需要代替孩子的需要，以家長的動機代替孩子的動機，孩子完全成了客體，其主體精神被壓抑、遏制，怎能有好效果呢？家長必須記住，在孩子的成長過程中，內因是關鍵。對於孩子來講，家長是外因，家長的教育行爲，目的是使孩子自發積極地進行自我教育。如果達不到這樣的目的，家長應該認真反思。

二、學會傾聽孩子的心聲。

教育是雙向行爲，一邊教導，一邊受教，家長善於傾聽孩子的心聲，是施教成功的重要因素。

傾聽的前提條件是尊重孩子和具有民主意識。許多家長能做到無微不至地愛孩子，卻做不到尊重孩子、允許孩子發表不同的意見。這與封建意識和主宰思想有關。家長應該明白，孩子雖小，也是家庭裡與大家平等的成員。凡事聽聽孩子的想法，只有好處，沒有壞處。

孩子的心靈，是一個豐富多彩的世界，這個世界與成年人有很大不同。在家庭中，要創造出一種孩子能充分吐露心聲的氣氛。孩子的話，不管多麼幼稚，家長都要耐心傾聽。傾聽之後，分析孩子的願望、要求，引導、鼓勵其中積極的想法。對於一些不妥當的想法，則應採取根據事實講道理的方法，引導孩子提高認知。孩子仍然不明白的部分，允許孩子存疑，等待時機再進行引導。

三、用角色互換的方法思考教育問題。

角色互換，就是家長以孩子的身份去想一想自己要求孩子做的事情。這種換位，會使家長的教育行爲減少主觀色彩。

換位思考時，應充分體察孩子的角色地位、年齡和個性，也可以回憶一下自己在孩子這個年齡時經常想些什麼，做些什麼。角色互換特別強調把自己當成孩子，這樣才能有效地打動孩子，取得良好的教育效果。

四、給孩子自由支配的時間。

一個具有健康人格的人就是自由的人，而自由主要表現在這個人能夠有選擇地支配自己的行爲。這種自由感不是憑空產生的，其中很大一部分來自童年時期對自由支配時間的體驗。但遺憾的是，一項調查發現，獨生子女平均每日可支配的自由時間只有六十八分鐘。這表示我們並沒有給予孩子足夠可自由利用的時間，相反，我們用功

課以及其他學習活動將孩子的時間安排得滿滿的，使他們疲於奔命，而失去了選擇的機會和能力。更可悲的是，他們幾乎成了機器人，在「安排」下失去了自我，以至變得越來越懶散、麻木和消極。有位獨生女說：「我知道媽媽很愛我，但愛得我想去死，因爲我一點自由也沒有。」

給予自由支配的時間，意味著給予兒童熱情地實現自我、用創造性的方法表達自我的機會。剝奪兒童的自由支配時間，實際上是在剝奪兒童成長和發展的機會。根據城市獨生子女的調查表示：擁有更多自由支配時間的獨生子女自信心更強，並且比自由時間較少的獨生子女有更強的成就需要。因此，家長們應轉變觀念，給孩子足夠的自由支配時間，並幫助孩子有效地利用時間，發現生活的樂趣，展示自己的才華，使其能夠更健康更自然地成長！

平等對待孩子

心理學家指出，與長輩平等，受長輩尊重，在孩子眼中看起來是一種難得的幸福。

從表面看，這種唾手可得的幸福似乎是所有父母都可以給予孩子的，其實則不然。幾千年的封建思想傳給我們一條無形的鎖鏈，在部分長輩的身上留下了難以撫平的痕跡，似乎沒有父母的特權就會亂了章程，父母在家中似乎是真理、正確的化身，「因為我們是父母！」成了很多家長不講理的藉口。

因為我們是父母，在孩子面前就要居於特殊地位，因此不能夠與孩子平等；因為我們是父母，我們說的話就要孩子完全聽從，不容商議，不容探討，更不容反駁；因為我們是父母，我們的說與做，是也是「是」，非也是「是」；因為我們是父母，就可不顧孩子的自尊……

就是因為這種在孩子眼中看來「不講理」的思想，使得我們與孩子之間不連心、不通情。從現象上看，我們有無上權威；而實際上，我們並不能掌握孩子的內心。

育人如同育樹：「能順木之天，以至其性焉爾。」教育要尊重孩子的天性，盡量

讓孩子自由發展。當然，我們強調父母要尊重子女，維護彼此平等的關係，也要把握住適度的原則，講究好分寸，才能取得良好的效果。

一、保持平等地位與主導作用的平衡。

平等地對待，是尊重孩子的首要條件。家長要努力營造民主、和諧的家庭氣氛。在日常生活中，我們要允許孩子根據自己的意願進行選擇，鼓勵孩子自己作一些決策。比如問問孩子：「你想吃蘋果還是香蕉？」和孩子一起協商：「星期天你想怎麼安排？」等等。其次，要學會做孩子的朋友，多參與孩子的活動，多和孩子一起嬉戲玩耍，成爲孩子開心的夥伴。另外，還要注意自己的言談舉止給孩子的感受，經常與孩子保持同一高度談話，從一個簡單的動作表情到教育方式的運用上，都要表現與孩子的平等。

但強調平等，並不意味著可以忽視家長的主導作用。孩子年齡小，是非辨別能力差，時時處處都需要家長的悉心引導，才能進一步獲得有價值的經驗和知識，才能養成良好的行爲習慣。但家長的主導作用不應該透過強制性的手段來表現，要針對孩子的特點，循循善誘，方式委婉一些。

二、保持孩子自由發展與遵守規範的平衡。

每一個孩子都有其自身成的規律，只有尊重這一規律，給孩子充分的自由發展空間，才能刺激孩子內在的發展積極性，發揮其主動性，更好地促進孩子的身心健康發展。在家庭中，只要無礙孩子的健康、安全和他人利益的活動，都可以讓孩子盡情探索、自主選擇、自由創造。

當然，尊重孩子的自由需求並不等於放任孩子。俗話說：「沒有規矩，不成方圓。」只有自由與規範相結合的教育，才真正有利於孩子的身心健康發展。因此，在給孩子自由時，一定要有相應的規則約束。比如，在家裡要讓孩子知道各種用品、玩具都有固定的位置，使用後應物歸原處；每日飲食起居也要有一定的規律，按時就寢，按時起床。在規範孩子行爲時，要向孩子說明道理，使孩子自覺自願地接受規範。

三、協助培養孩子的興趣。

興趣是孩子認識事物的驅動力。孩子一旦對某個事物產生了興趣，就會傾向它、注意它，並且積極主動地去瞭解它。因此，家長只有尊重孩子的興趣，善於啓發引導，才能最大限度地發揮孩子的潛能，得到更好的教育效果。

尊重孩子的興趣，並不表示家長不能對孩子提出要求。特別是處於學齡前期的孩子，他們的興趣往往跟情境有關係，受偶然因素影響較大，穩定性較差，興趣來得快、去得也快。爲此，家長在尊重孩子選擇的同時，要幫助孩子養成較爲穩定的興趣。另外，由於孩子判斷能力差，有時也會產生一些不利他們身心健康發展的興趣，這時需要家長及時提出要求，及時引導。爲此，家長應及時發現這些狀況，並以說理爲基礎進行嚴格的教育，從而引導孩子防患於未然，走上健康成長的道路。

尊重孩子是家庭教育的首要原則，愛而不嬌，嚴而有格，寬鬆而不放任，自由而不放縱，則是家教的成功之道。

適當的嚴格

俗話說：「名師出高徒，嚴父出孝子。」在生活中，我們不難發現一個有趣的現象：越不孝順的子女，父母越是從小就寵愛有加；孝順的孩子，從孩提時代父母就對其較爲嚴厲。

爲什麼會這樣呢？從現代心理學角度來看，父母寵愛孩子，會讓孩子誤以爲自己就是家中的老大，父母不僅要對他們言聽計從，還要柔順地巴結、恭維和討好。久而久之，從襁褓到成人，歷經十幾個風霜雪月，這種習慣、思維和觀念就會逐漸在子女的心中定型。直到長大乃至成家立業之後，他們還是會照樣對父母頤指氣使，根本沒有孝敬回饋之心。

爲何如此？皆因隨著年齡日增，慾望的胃口也會越來越大，自己無力盡情滿足的情況下，早就習慣於依賴父母的子女，對父母的要求也就不斷增加。父母不僅不能獲得晚景安詳，還會變本加厲永無止境地貼補早已長大的孩子。稍一不順，就會惹來子女的不滿甚至呵斥。這就是所謂的「習慣成自然，溺愛結惡果」。事實正是父母對孩

子的溺愛，造就了子女的不孝啊！

「棒底出孝子」雖然說的有些絕對，但是嚴厲的父母調教出來的孩子大都是孝順的。爲什麼？父母的嚴厲從小就在孩子心中生了根，高大、權威，成了孩子心中父母的形象。懂得尊重父母，孩子就會自覺地依從父母，關心父母，這樣的孩子長大後就會自然而然地孝順父母，想父母之所想，爲父母之欲爲，就成了他們孝順的習性。因此，孩子的孝順，也來自父母。

很多家長都相信，只有嚴厲才能教育兒女成才。但家長對嚴厲的理解各有不同：有的認爲嚴就是使孩子害怕，對孩子要給予好意而不能給予好臉色，孩子只有害怕父母，才能教育好；有的認爲嚴就是孩子不聽話時要打罵，贊成「不打不成才」的說法。這些都是不正確的，對孩子採取這種辦法難以奏效。

如果對孩子動輒打罵、訓斥，孩子就不願意接近父母。孩子一旦對父母敬而遠之，或者既不尊敬、又不接近，更不願與父母交談，就更難取得好的教育效果了。至於打罵等體罰之類的行爲，更和我們所說的「嚴格要求」水火不相融。動輒打罵孩子的家長，不僅不能使孩子改正錯誤，反而使孩子的情感和心靈受到摧殘，變得冷漠、自卑和缺乏自尊心，甚至因忍受不了父母的打罵而離家出走。由此可見，對孩子實行體罰，只不過是家長缺乏理智和束手無策的表現，是不可能產生效果的。

我們所說的嚴格要求，是根據孩子的發展和年齡特點，以取得良好教育效果爲前提。如果嚴得不合常理，反而會走向負面，爲此家長必須遵循以下幾點：

一是父母提出的要求必須合理、符合孩子實際情況，且有益孩子身心健康。要求四歲的孩子跟在父母身後盡量多走一段路是可能的，但要求孩子與父母走得一樣快、一樣遠就不合理了。

父母提出的要求必須是適當的，是孩子經過努力可以做到的；若要求過高，孩子即使經過努力也無法達到，就會使孩子喪失信心，也就達不到教育效果。

二是對孩子的要求必須明確具體。要讓孩子明白應該做什麼，怎麼做，不能模稜兩可，讓孩子無所適從。

三是要監督孩子執行。父母對孩子的要求一經提出，就要督促孩子認真做到，不能說了不算數，更不能隨便孩子要不要做，而是一定要讓孩子做到，否則就達不到教育效果。

讓孩子有個性又不任性

現在許多獨生子女自小受祖輩和父母的寵愛，享受著家長百依百順與有求必應，養成任性、撒嬌、愛發脾氣的不良習慣。孩子任性，父母就應該及時教育。有人說：「兩三歲的小孩子，懂得什麼？長大了就懂事了。」這是一種不正確的說法。

古人說：「少若成天性，習慣如自然。」愈大愈難教育。父母一定要爲子女長遠著想，重視孩子的早期教育，對孩子千萬不能百依百順，因爲這不是愛孩子，而是害孩子。任性的孩子在生活中一旦碰釘子，遭受挫折或磨難，就會無法承擔。久而久之，會影響孩子的健康成長，長大後很難適應社會。

當然，每個家長都希望孩子在避免養成任性驕縱之時，又能不失去自己的個性。這裡的個性，是指有主見，能堅持正確觀點和合理行爲。而任性，也表現爲堅持自己的想法和行爲，常常被人們稱爲無理取鬧。就是說，任性的本質是無理，其所堅持的主題本質是不正確的。如：有的小孩不讓媽媽做飯，非要人陪他玩；媽媽做好了飯菜不吃，非要去買零食吃。任性的外在表現是取鬧，即蠻不講理，常見的有哭鬧、吵鬧，在地上打滾，強拉著別人，甚至打人等。

因此，區分孩子是有個性還是任性的標準，在於一個「理」字：有理又講理的，是有個性的表現；而堅持的事情不合埋又不講理的，是任性的表現。

那麼，如何才能使孩子既不任性，又有個性呢？關鍵在於家長的教育態度和方法。

一、在態度上應該既尊重孩子又不遷就孩子。

如果家長對孩子的不合理要求也給予滿足，無原則地遷就孩子，那麼，得到嬌慣的孩子必然爲所欲爲，自私自利，難以聽人講道理，變得任性。反過來，如果不尊重孩子，不管孩子提的要求合不合理，有沒有可能實現，都一味地給予否定，甚至態度粗暴。那麼，孩子在需要總是得不到滿足之下，不是產生不滿情緒，進而產生對抗心理，養成不服管教的性格；就是以後都不敢提正當要求，不敢提自己的意見，一味地順從大人，行爲畏縮，變得沒主見。

因此，只有得到尊重又不受遷就的孩子，心理才會健康發展。

二、真正瞭解孩子想要什麼。

與孩子平等對話，瞭解孩子之所以有此要求的真正原因，才能判別孩子的要求是否合理，掌握好任性與個性的界限。

三、讓孩子明白，需要的滿足是有條件限制的，誰都不能隨心所欲。

有很多家長對於在日常生活中培養孩子的自主和獨立意識都很用心，從吃什麼菜，穿什麼衣服，玩什麼遊戲，都會經常徵求孩子的意見，這是很好的現象。但要注意設立條件限制，讓孩子只能在幾套方案中做選擇，超過了條件限制便不能滿足其要求。只有這樣，孩子才會知道，並不是所有的要求都能夠得到滿足的，必須放棄不合理的要求。

扮演**朋友**的你／妳

謹記原則：**贏得朋友，建立生活人脈**

若你的電話老是不響，那你就該主動打出去。
很多時候，電話會為你帶來意想不到的收穫。
交了新朋友，別忘了老朋友，好的朋友越多越好。
交際的一大訣竅就是主動，好的人緣好的口碑，
往往有助於讓你的事業更上一層樓。

與能給你自信的人交往

與適當的人結伴同行時，通往成功的道路一定更爲平坦。

誰才是有益的同伴呢？就是那些能夠幫助你的人，更重要的，是那些能夠給你勇氣的人。但千萬不要嘗試阿諛巴結某些人，你是不會從他們身上得到任何幫助的，因爲他們隨即就會察覺你的意圖，當然你也不會願意自己周圍有這些阿諛奉承的人流連不去。在這裡關鍵的字眼是交往，而不是攀附。

那麼，你該跟誰交往呢？

尋找那些熱情的人、樂觀的人、認爲杯子是半滿而不是半空的人、工作勤奮的人，也就是那些捲起袖子、努力達到攀登頂峰路上每一個目標的人。

你需要那些自動自發的同伴，那些擁有追求成功動機的人、自信的人、自我管理的人、自我救助的人、那些願意將所知傳授給別人的人，包括老師、教練、同事、家人和主管。這些人不但有能力，通常也都很樂意使你通往成功的路途更爲平坦。

爲了與那些能夠給你自信心的人交往，應注意以下幾點：

一、盡可能結交比自己優秀的人，並朝這一目標而努力。

結交卓越的人士，便能見賢思齊；反之，若結交遠不如自己的朋友，難免會失去前進的動力。一如前面所述，人們往往是近朱者赤、近墨者黑。

當然，這裡所謂的卓越人士，並非指家世顯赫、地位超絕的人，而是指有內涵、品德高尚、自信、善良的人。

卓越人士大致上可區分爲以下兩大類型：一爲立身於社會主導地位的人們；其次則是指那些有著特殊才華的人們，例如長袖善舞，對社會有著傑出的貢獻，才能突出，或是學識淵博的學者，才華洋溢的藝術家等等。這種傑出絕非憑一個人的喜好所界定，而需經過社會認同。當然，其間或許有些例外。總之，希望你能結識這些人才。

至於怎樣與這些人結交，並沒有具體成形的辦法，也許要厚著臉皮毛遂自薦，或要經由知名人士大力引薦，當然也可以加入群英聚會團體裡去尋覓朋友，居於其間，仔細去觀察擁有不同性格、不同價值觀的人們。這不僅是件樂事，更對你有所裨益。

身份地位高的人們所聚集的團體，並不見得是人們所稱道、喜愛的。因爲，即使身份高高在上的人群裡，也有腦袋不靈光、不懂得人情世故的人。結集學識淵博者的團體，不免也有這種現象。這些人雖然已經獲得人們的尊敬，但卻稱不上是交往的絕佳對象。這些人往往不知道生活中的許多樂趣，只是一味地埋頭於學問的鑽研中。若是你參加此種團體，就必須不時地警惕自己，經常地探出頭來看看圈外的世界。這樣一來，你的判斷能力才能日漸提高。然而，一旦你把自己封閉於其間，成爲不知世事的學者，那麼在你重新踏入鮮活的社會時，就很難步履輕快了！

二、保持判斷力，不可不顧一切地全身心投入。

幾乎所有的年輕人均渴望能和才華橫溢的人成爲知己。總認爲假使自己也小有才氣，那更是如魚得水。即使達不到這個目的，也能滿足自己與其共榮的心理。然而，即使是和這些才華橫溢、魅力十足的人交往，也不可不顧一切地全身心投入。不喪失判斷力，才是最適當的交往方法。

並非每個人都能心悅誠服地接受才智這種東西。相反，它往往會令人產生恐懼的心理。一般說來，在眾目睽睽之下，人們往往對鋒銳的才智感到懼怕，這就如同膽小的人一見著槍口對著自己便會害怕的道理一樣。害怕對方會突然扣下扳機，子彈便「咻」的一聲朝自己飛過來。但是，認識這些人，繼而親近、瞭解這些人，確實是件有意義、令人歡欣的事。只是，不論對方多麼有魅力，如果就此終止和這群人以外的人交往，只單和這群人往來，那將會得不償失。

三、別親近善於奉承的人們。

最叫人頭痛的問題，莫過於虛榮心作祟。由於虛榮心的蒙蔽，人們往往鋌而走險。因此，無論從何種角度來看，結交那些不如自己的朋友，便是虛榮心作祟的表現。人們總希望自己能獨佔鰲頭於群體之中，寄盼能獲得同伴的稱許、朋友的尊敬、主管的青睞。

爲了求取這種名不符實的讚揚，他們甚至不惜與那些喜歡阿諛奉承的人結交。這樣將導致什麼樣的結果呢？不久你將被夥伴同化，使自己變得與他們層次相當！

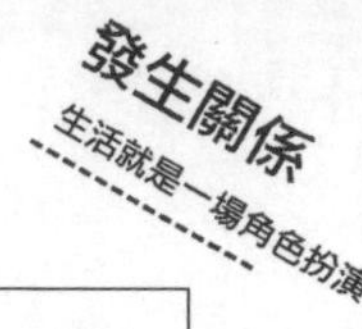

真正有意義的交往

交往是人最基本的社會需求之一。交往能使人產生多種興趣和愛好，例如，它能推動人們去學習和模仿；反之，也能對此產生阻礙作用，這在青少年群體中表現得極為明顯。

若是在選擇朋友方面沒有什麼要求，彼此間相互關係也不太協調，在一起經常談些低級趣味的「話題」，這未必是令人滿意的交往。想要進行真正有價值的交往應注意哪些問題呢？

一、每個人都應該多看別人的優點。

大文豪高爾基勸誡人們說：「任何時候都不要用這樣的態度對待別人，即認為對方的缺點多於優點。」在交往中經常會碰到對別人的態度問題。態度傲慢、居高臨下的人很難與人交往；與此相反，那些善於發現別人優點的人，則廣交好友，這是建立良好關係的條件。人們的交往應該是主動的，這種主動性不僅應當表現在語言上，而且要表現在行動中。

二、要善於正確地瞭解別人行為的內在因素。

偉大的作曲家貝多芬在失去聽力以後，曾這樣描寫過不理解他厄運的人：「你們認爲我是個凶狠、精神失常的人，或者是個仇視世道的人……但你們並不瞭解，由於人所不知的原因，我才成爲你們想像的那種人，我怎麼向你們解釋呢？我喪失了聽力，而它應該比其他人的更完好，更靈敏……」生活中的確經常有人錯誤地評價別人的行爲。人們正常的相互關係不僅應當具有合理性，而且要有理解別人、同情別人、與朋友同甘共苦的熱情和願望，以及設身處地爲他人著想的品德。

三、為了與別人建立正常的關係，交往文明具有重要的作用。

交往文明除了諸如尊重別人，友好待人，有耐性等特點外，還需要具備恭謹謙讓、待人接物有分寸等品質。恭謹謙讓是一種性格特點，其主要內容是在社交場合下維持某種行爲原則，遵守禮儀。

人們的交往文明與其交往的習慣特點有關，它們可歸爲以下兩個方面：

首先，要正確對待對方給自己留下的最初印象。在大多數情況下，這種印象的產生都受訊息不足的限制，即我們還不知道對方實際上是個什麼樣的人，只是表面的認知，而對方看你也是一樣的。一個人的外部特徵，包括長相、舉止言談、衣著打扮、髮型、口才等都會影響人們對他最初的印象。光憑衣著打扮所做出的評價，與其才智和內心世界相差甚遠。如果發現上述最初印象不可靠，應善於及時加以改正。

其次，還要善於不帶任何偏見地結交朋友，這是交往文明的重要認知。偏見會使人們對一個人的具體性格特點產生錯誤的認識。

四、不要把自己的特有愛好和習慣強加給別人。

每一個人都應該樹立一種信念，即人與人之間是不一樣的，每個人都有自己的性格特點與愛好。從這一觀點出發，我們就能經常自覺地檢查自己，正確地評價別人。在與別人相處的過程中維護他人的利益是很必要的。親近的人之間，相互關係之所以遭到破壞，往往是對一些微不足道的小事過於認真。

人際交往中的期望值

所謂期望值是指人們希望自己所想或所做的事情達到成功的比值。人們在社會交往中，都希望自己所想或所做的事情獲得成功，但客觀事實又往往不遂人願。有的事成功，有的事沒有成功；有的事在意義上成功，或只是成功一部份，有的事卻完全搞砸了。事情成功了，令人興奮；事情搞砸了，叫人懊惱、悲傷。尤其是辦事前寄予成功的期望值越大，一旦事情沒有成功，失落感就越強，心理上越得不到平衡，內心的悲傷、痛苦感受越強烈。如此狀態，勢必影響工作，妨礙身心健康，貽害無窮。因此，人們在社會交往中，最好把期望值調節在最恰當的水平。若能如此，你就可以免受其難了。

那麼，如何調整好自己的期望值呢？

一、對自己本身有正確的評價。

古人云：知己知彼，百戰不殆。你對自己都沒有一個正確客觀的認識，連自己的

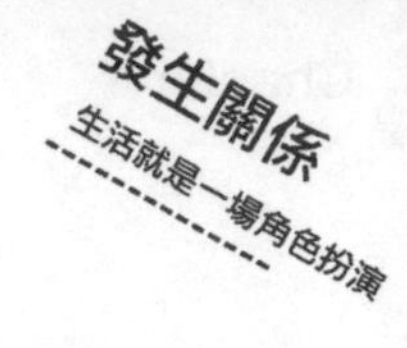

「能力」都不清楚，盲目地瞎撞，就不可能獲得成功。

二、事前要有成功與不成功的準備。

無論是與他人結交，還是辦事情，都將有成功與不成功兩種可能。對事情只想到成功，而沒想到失敗是不客觀、不現實的態度。幹練成熟的人，做任何事之前都有兩種準備。他們辦事常常胸有成竹，不因事情順利而沾沾自喜、忘乎所以；也不因事情受挫而悲觀失望、牢騷滿腹。比如作爲一個冷靜成熟的談判者，就應該有兩種準備，不要把成功的期望値定得太高或太低。太高，你就會麻痺大意，因而不會去認真準備談判前需要準備的材料和應商定的對策，結果「大意失荊州」，被對方弄得措手不及而陷入被動；太低，你就可能喪失信心，或怯場，或精神萎靡不振，而丟了自己的優勢，讓對方牽著鼻子走。

三、事先不妨將不利因素估計得嚴重一點。

現實生活中，人們往往對有利的因素估計過多，而對不利因素估計不足，故而事後懊惱或後悔。這是因爲人們對事情成功的期望值偏高，結果反而遮敝了自己的視線，使他們過度主觀、感情衝動而缺乏冷靜客觀的分析，於是做出錯誤或不明智的選擇。

四、在待人處事的過程中適時地調整好期望值。

鑒於人們對人情世故的把握程度所限，人不可能事事都做到萬全準備。因此，在實踐中學習，在實踐中調整自己的行動就十分重要了。這就是說，在待人處事的過程中，及時根據情況的變化，來審視和調節自己的期望值，適時地採取變通措施，才可以避免或減少失敗。事變我變，人變我變，不把全部的希望投注在某個點上。當成功的可能性變小，就後退一步，或改弦易轍；反過來，若成功的可能性變大了，就全力以赴，奮勇拚搏。

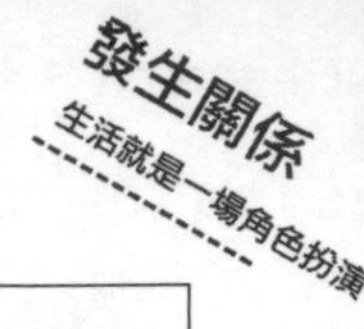

與人建立深厚的友情

有個好朋友，能使我們的日子過得豐碩充實。可是，友誼不是想要就有的，必須經過精心栽種和培養。

要成為別人的好朋友，須具備什麼條件呢？以下是許多心理學家和人際關係學者從事這方面研究所得出的主要結論：

一、要騰出一點時間來給朋友。

許多人都說：「我想多交些朋友，就是沒有時間。」然而，那些我們真正想做的事，我們卻騰得出時間去做。可見，想交朋友，就要騰出一點時間來給朋友。這只需動一動腦筋就能辦到。

馬嘉麗是一位忙碌的律師，但她巧用心思跟友人保持聯繫：跟甲友一同逛街購物，跟乙友打網球，跟丙友一起到喜歡的小店去吃午飯。她有一本友誼簿，每個月的第一天，她都會從抽屜取出這本簿子，看看哪些朋友已經一個月沒有聯絡，然後打電話給他們。

把時間留給朋友，家裡也許會因你沒時間收拾而稍微凌亂了一點，草坪長得過高了些，或者會錯過幾個電視節目。不過，爲了友誼，這些小小的代價何足掛齒？

二、注意小節。

陪朋友共渡難關固然重要，但一些看似乎無足輕重的關懷行爲，例如打個電話祝賀生日，寄問候卡並寫上「背痛好了沒」幾個字，都能加深友誼。

《終生朋友》一書的作者史蒂芬・達克，請人回憶他們一天之中最重要的對話。他發現那些最要緊的談話通常只有兩三分鐘長。達克說：「能讓朋友知道你關心他們的，不是談人生意義的長篇大論，而是諸如『祝你面談成功』之類的幾句話。」

三、不要怕露出真心。

有些人拒絕向朋友袒露他們的內心。他們不敢在朋友面前表現出自己的恐懼、失望和消極情緒。可是，不管在哪一段友情中，都要打開心房說真話。

布勞德的女兒艾琳在學校裡和另外兩個女孩很要好。有一個星期天，這兩個朋友結伴出去購物，沒有邀請艾琳，使她很傷心。她們二人回來時，艾琳第一個本能反應是假裝不在乎。可是她實在覺得委屈，結果脫口而出，把她的難受心情說了出來。這兩個女孩突然明白了她們之間的友情對艾琳多麼重要，連忙同聲向她道歉。於是，艾琳便在友誼方面又上了寶貴的一課：必須讓別人瞭解你，別人才會覺得跟你沒有距離。

或許你會以爲，如果讓朋友看到你的缺點，他們對你的好感就會減少。其實，他們可能反而因此更喜歡你。在友誼初始時期，坦然承認自己的缺點可以使你更令人喜愛。

戴爾・卡耐基經常說：「每逢有位朋友因爲做了某件蠢事而懊悔不已時，我就會把我做過的一件傻事告訴他：有一次我在前往機場途中停車下來寄信，結果將機票也一併投進了郵筒！」

當朋友完全不在意讓你知道他的弱點時，他其實是在給你鼓舞。因此，讓朋友清楚認識真正的你——不完美的你——是非常重要的。

四、切勿苛求。

我們跟朋友相交一段時間之後，可能就會想起一句俗語：「日久生厭」。我們可能開始注意到他們有些行爲很令我們生氣，例如：「理查總是小題大做」或「米麗莎老是拍別人馬屁」。可是我們不應太挑剔，朋友的缺點也許只是喬裝了的美德。

七十歲的藝術家安妮有一次對朋友說，她有位八十一歲的朋友老是不認老，愛胡鬧，使每個人都感到頭疼。安妮回憶說：「我滿七十歲時，心情惡劣透了，因爲我覺得自己已老朽不堪。但這位老朋友爲我開了一個慶祝七十歲的生日會，並且在聚會中堅持要大家玩跳繩、跳房子遊戲、擲飛盤、到草坪上在灑水器之間奔跑。我們那些已經長大成人的孩子看到這樣，全都嚇壞了，怕有人會摔斷腿或扭傷腳。可是，我一輩子從未那麼開心過。」

麻州大學社會心理學家羅柏・韋斯說：「建立友誼的良方，是大家既要有相同也要有相異之處。大致上氣味相投，才會彼此瞭解；適度的志趣相異，才可互通有無。」

五、不要斤斤計較。

對於做朋友所應盡的義務，人們往往很執著：上一次電話是誰打給誰的？上一封信是誰寫的？如果你能只問耕耘不問收穫，一定可以交到更多的朋友。

紐約市某旅行社的老闆史蒂拉·伍爾芙，藉旅行的機會在世界各地結識了幾十位朋友。她憑什麼能做到這一點？因爲她在交友之道上，奉行大仲馬對友誼所下的定義：「不念所施，勿忘所得。」

史蒂拉見到朋友有困難，必定全力幫忙。朋友遭到解雇，她就僱用他到自己的旅行社裡工作。她的單身朋友孤獨寂寞，她就替他牽紅線。但是，史蒂拉從不把她給別人的恩惠記在心上，倒是常把朋友給她的回報掛在嘴邊。

六、給朋友幫助你的機會。

付出往往比獲得更令人開心，但讓朋友知道你需要他們也很重要。正如你覺得幫朋友是件樂事一樣，你也應該給朋友幫助你的機會。

有一次，布勞德要到另一個鎮去採訪，但汽車卻突然壞了。他的朋友瑪麗自告奮勇，願開將近一百公里的車送他去。可是布勞德不想麻煩她，於是便拒絕了。

布勞德掛上電話時，聽得出來瑪麗的聲音似乎十分失望。從那時起，他們的友誼冷淡了下來。後來，有一天布勞德打電話給她說：「我要去度假，但不知如何處置我的貓。」

「讓我來照顧它吧。」瑪麗熱切地自願幫忙。

這一次，布勞德滿懷感激地接受了她的好意。此後，他們的友誼加深了。這個經驗使布勞德體會到有句話說得一點都沒錯：「如果你希望某個人成爲你的朋友，請他幫你一個忙就行。」

這是一個激烈競爭的世界，人們往往只會想到自己的需要——而不會想到別人。盡力擺脫這種情況，並且多多替別人設想，那麼你將成爲一個受人珍重的朋友。

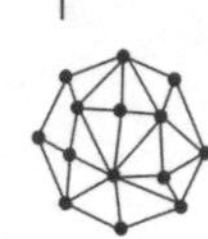

努力獲得朋友的認同

在現實生活中，人們大都渴望獲得他人的好感。這是人的基本需求之一。獲得朋友的認同、讚許，從而得到內心的平衡，產生成功的滿足感，也是現代人心理渴望的具體表現。我們究竟怎樣入手，才能走好人際交往這步人生中的大棋？無數成功的人士告誡我們，要贏得朋友的好感，以下要點不能不銘記於心：

一、塑造良好形象。

想讓朋友對你產生好感，首先在自己身上要具有好的影響源，即外部形象和內在素質。朋友的好感只能從自己本身的良好形象和的言行中產生。只有做到謙虛而不自卑，自信而不固執，堅強而不狂妄，才能給朋友留下好的印象。

二、注意累積知識。

世界上沒有哪個人喜歡知識貧乏，只有學識豐富，思想敏銳，興趣廣泛，才能提高自我價值，吸引眾人。

三、心地誠實，待人誠懇。

心地誠實，待人誠懇，做人正派，這是被人瞭解和受人歡迎的開端。如果不說真話，弄虛作假，朋友就會不信賴你，覺得你不可靠，時間長了就會疏遠你，厭惡你。

四、樂於幫助他人。

個人的力量總是很單薄的，當面對生活中的種種問題時，每一個人都需要朋友的幫助。因此，一位哲人說過，人生的旅程是在朋友的扶持下走完的。當一個人對生活中的某一問題無力解決時，我們如果能夠伸出熱情的手，無疑會給對方極大的力量與信心。特別是當朋友遇到挫折，處於逆境之中時，如果我們能夠熱情幫助朋友，朋友定會對我們產生強烈的好感。同時，幫助過朋友之後，許多人都會產生一種滿足感，而當朋友又對我們報以微笑時，我們會覺得這個世界是那麼的美好。這一切感受，對人的自信心的確極其有益。

然而，很多人都忽略了幫助朋友這麼簡單又能增加吸引力的方法。他們在抱怨人們冷漠的同時，自己卻不願意對朋友付出一點點的友情，即使是舉手之勞也不肯幫助朋友，正是這種心理將他們拒於友情的大門之外。正如戴爾・卡耐基所言，「你要朋友怎麼待你，就得先怎樣待朋友」。

五、興趣力求廣泛。

愛好和興趣是認識他人、廣交朋友最好的媒介。如果你喜愛詩畫，能歌善舞，集郵、攝影、體育樣樣都懂一些，你就跟朋友有了共同的興趣，共同的語言，共同的心聲，無形中也在自己和他人之間逐漸架起了一座友誼的橋樑，朋友也將會對你逐漸產生好感。

六、善於語言表達。

無論是在聚會上，還是在朋友相聚的場所，如果你有個人的見解，就要大膽地表明，這樣將能增加你的自信。若是一言不發，一味害羞，不敢啓齒，不僅給人軟弱無能的印象，而且會在眾人面前降低你的位置。

七、尊重朋友的自尊心。

每一個人都有自尊心，都希望朋友的言行不傷及自己的自尊。任何人在人際交往過程中都有明顯的維護自我價值傾向。例如，當自己取得了成績時，我們會解釋爲這是因爲自己能力優於朋友的緣故；當朋友取得了成績而我們沒有時，我們又會解釋爲朋友僅僅是機遇好而已。這樣的解釋就不至於降低自我的價值感，傷及自尊心。

我們在與朋友交往時，必須對他人的自我價值感給予積極的支持，維護朋友的自尊心。如果在人際交往中，我們威脅了朋友的自我價值感，便會激起對方強烈的自我保護動機，引起他人對我們的強烈拒絕和排斥情緒。此時，我們是無法和朋友建立良好人際關係的，已經建立起來的關係也可能遭到破壞。

在你與朋友交往中，無論是熟人還是陌生人，都要尊重對方的感情，以熱情大方的態度接待，講究禮儀，使自己在短短的時間內，就令對方留下良好的印象。

八、背後勿論是非。

一個正直的人有話當面說，不會在背後亂議論朋友。如果你經常在背後說朋友的壞話，一旦被對方知道了，免不了要對你抱怨一番，甚至會與你發生爭吵，即便是以前對你印象很好的人，他心中也會出現陰影，以前的好感頓時消失。因此，我們要時刻提醒自己，不要讓嘴巴破壞自己的好名聲。

九、處事寬容大度。

當朋友在學習中取得成績，受到老師讚揚時，不要嫉妒不滿，要在朋友的進步中找到自己的差距，從朋友的成績中看到自己的努力方向；當朋友偶爾失禮時，不要以牙還牙，產生報復心理，要以禮相待，原諒朋友，給他發現自己缺失的時間，主動與你言歸於好；當自己偶爾做事不當，出現失誤時，理應坦然承認，不能隱諱自己的過錯，掩飾自己的缺點。總之，在處事過程中，要堅持理解、體諒、忠實、豁達，這樣就能在他人的心目中產生更好的印象。

讓朋友表現得比你優越

法國哲學家羅西法古說：「如果你要得到仇人，就表現得比你的朋友優越吧；如果你要得到朋友，就要讓你的朋友表現得比你優越。」

爲什麼這句話是事實？因爲當我們的朋友表現得比我們優越，他們就有了一種重要人物的感覺，但是當我們表現得比他們還優越，他們就會產生自卑感，造成羨慕和嫉妒。請記住，少談自己而多聽朋友說話，因爲朋友們也有很多事情想吹噓，想把他們的成就告訴別人，這比起聽人吹噓更令他們興奮。現在，當有時間在一起閒聊的時候，就請朋友們把他們的歡樂說出來，好讓大家一起分享，而只在他們問的時候才說一下自己的成就。

蘇格拉底也一再地告誡門徒：「你只知道一件事，就是你一無所知。」無論你採取什麼方式指出別人的錯誤：一個蔑視的眼神，一種不滿的腔調，一個不耐煩的手勢，都有可能帶來難堪的後果。你以爲對方會同意你所指出的問題嗎？絕對不會！因爲你否定了他的智慧和判斷力，打擊了他的榮耀和自尊心，同時還傷害了他的感情。

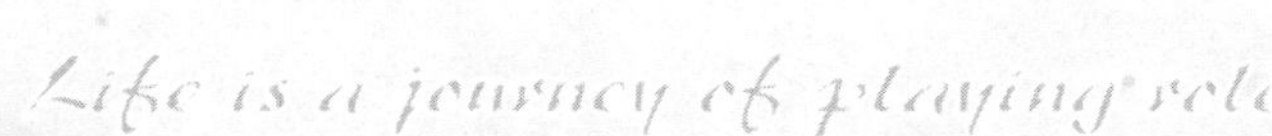

他非但不會改變自己的看法，還會進行反擊，這時，你即使搬出所有柏拉圖或康德的邏輯也無濟於事。

永遠不要說這樣的話：「看著吧！你會知道誰對誰錯的。」這等於在說：「我會使你改變看法，我比你更聰明。」——這實際上是對朋友的挑戰，在你還沒有開始證明對方錯誤之前，他已經準備迎戰了。爲什麼要給自己增加困難呢？

德國有一句諺語：「最純粹的快樂，是從我們的羨慕者的不幸中，所得到的那種惡意的快樂。」或者，換句話說：「最純粹的快樂，是我們從別人的麻煩中所得到的快樂。」

是的，你的朋友從你的麻煩中得到的快樂，極可能比從你的勝利中得到的快樂大得多。

因此，我們對於自己的成就要輕描淡寫。我們要謙虛，這樣就會永遠受到朋友的歡迎。

得體地讚揚朋友

大仲馬在俄國旅行時來到一座城市，他決定去參觀這個城市最大的書店。書店老闆聽到這個消息，便開始想方設法做點讓這位法國名作家高興的事情。於是，他在所有的書架上擺滿了大仲馬的著作。

大仲馬走進書店，見書架上全是自己的書，感到很吃驚。「其他作家的書呢？」他迷惑不解地問。

「其他作家的書，」書店老闆一時不知所措，信口說道，「全……全都賣完了！」

書店的老闆本來是想討好大仲馬，結果鬧出了笑話，得到了相反的效果。這詮是因爲「讚美不得體」。

戴爾．卡耐基說：「讚美的話會因場合不對，或時機不對，沒有說中要點……而收到相反的效果。與其那樣，還不如什麼都不說。試想，那種滿腦子只想著自己事情的人，他們對周圍的人出現什麼情況，正在說什麼，都不曾注意，也不想去注意。於是，在全然不知對方喜好的情況下，只能冒冒失失地說些恭維話。難怪被稱讚的人

會感到疑惑、驚慌失措，甚至對自己接下來將要說些什麼都感到提心吊膽了！」

讚揚別人也是一種藝術，不但需要合適的方式加以表達，而且還要有洞察力和創造性。一位舉止優雅的婦女對朋友說：「你今天晚上的演講太精彩了。我情不自禁地想，你若能當一名律師該會是多麼出色。」這位朋友聽了這意想不到的評語後，像小學生似地紅了臉。

正如安德烈．毛雷斯曾經說過的：「當我談論一個將軍的勝利時，他並沒有感謝我。但當一位女士提到他眼睛裡的光彩時，他表露出無限的感激。」

有一年夏天，天氣又悶又熱，弗爾帕斯教授走進擁擠的列車餐車去吃午飯，在服務生遞給他菜單的時候，他說：「今天那些在爐子邊燒菜的小伙子一定夠受的了。」那位服務生聽後吃驚地看著他說：「來這兒的人不是抱怨這裡的食物，便是指責這裡的服務，要不就會因爲車廂內悶熱而大發牢騷。十九年來，你是第一個對我們表示同情的人。」

弗爾帕斯得出結論說：「人們所需要的，是一點做人所應享有的關注。」在這種關注之中，真誠是最爲重要的。因爲只有真誠才能使讚美具有效力。

做父親的勞累了一天後回家，發現孩子將臉貼在窗戶上，正在殷殷地等待和注視著自己時，便會感到靈魂沐浴在這甜蜜的甘露之中。

得體地讚揚別人，能幫助我們消除在日常接觸中所產生的種種摩擦與不快。在讚美朋友的時候，下面幾點建議可供借鑑。

一、稱讚對方希望被稱讚的事物。

如果特別喜歡某人，或者特別想成爲某人的至交，可以探查此人的優缺點，找到此人希望被稱讚的地方。人們都有拿手的事情，但這件事和他希望獲得肯定的地方可能不一樣。一個人長處被讚賞，著實能讓人高興，但是，若他希望被稱讚的地方獲得了讚賞，必然更能令他高興。這才是真正的搔到癢處。

任何人都有渴望他人褒獎的慾望。想發現他人希望被稱讚的地方，觀察乃是最好的方法。仔細注意觀察此人喜愛的話題，通常想要被稱讚，希望被認定爲優秀的地方，往往會出現在最常見的話題裡。這裡便是要害。只要突破其防線，就能一舉致勝。

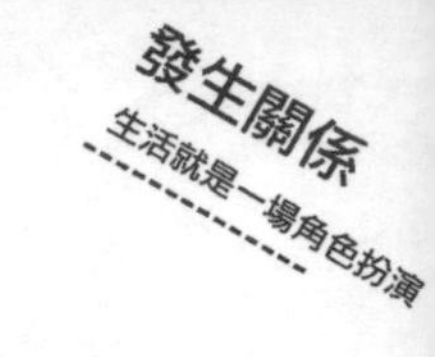

二、偶爾不妨佯裝。

稱讚並不是教你使用卑鄙諂媚的手段來操縱他人。你當然不必連人們的缺點、錯誤都加以稱讚，而且也不應該這樣做。不過，請想想，如果我們不對人們的缺點及膚淺幼稚的虛榮心佯裝不知的話，又怎麼能不刺傷朋友的自尊心呢？

誰都希望別人認爲自己聰明、美麗，這種想法，並不會傷害任何人。如果你太直接地告訴對方這種想法太幼稚、太不正確，對方必然與你疏遠。因此，你最好採用取悅對方的手段，盡量適度地讚美，使對方成爲朋友。若發現對方優點，你就該迅速地贈與讚詞。然而，有時也不得不面對自己並不十分贊同、但卻爲社會所認同的狀況，此時只好睜一只眼、閉一隻眼了。

你似乎還不太善於讚揚別人，這是因爲你還不太瞭解人們是多麼希望自己的想法及喜好能獲得支持，特別是期望自己的錯誤及小缺點，能得到他人的諒解。如果我們只考慮自己的想法，而對他人的習慣及服裝等事物挑毛病，必然會對他人造成傷害；反之，若能加以認同，則會得到無限的欣喜。

三、在背地裡稱讚對方。

爲了使朋友高興，你可以在褒獎辦法上略施技巧，那就是在背地裡誇讚對方。當然，若你只是在暗地裡稱讚對方而他卻一無所知，那就一點意義也沒有了，你要想辦法將你的誇讚透過巧妙的方式確實地傳達到對方的耳朵裡。這裡，慎選傳達訊息的人最重要。你所挑選的人最好是透過傳遞這一訊息也能獲益的人。如果你選這樣的人作信差，他不僅會確實地傳達你的訊息，還有可能添油加醋，更增效果。對他人的稱讚，以此種方法最具功效。

爲什麼大多數人都沒能把一些令人愉快的真實感受說出口呢？——而這些，本來是可以使別人感到十分快樂的。有一句話是這樣的：「向活著的人獻上一朵玫瑰，比向死者送去豪華的花圈要好得多。」此話不無道理。

如同藝術家在把美帶給別人時感到愉快一樣，任何掌握了讚揚藝術的人都會發現，讚揚不僅爲聽者，也爲自己帶來極大的愉快。它替平凡的生活帶來了溫暖和快樂，把世界的喧鬧聲變成了音樂。

人人都有值得稱道的地方，我們只需把它說出來就是了。

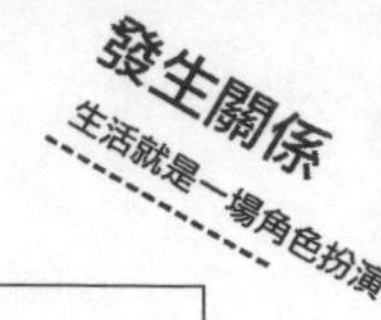

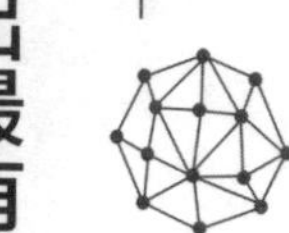

找出最有效的說服方式

在生活中，我們都會遇到偶爾需要說服朋友的情況。有些人在說服別人前，總會先想好幾條理由，然後去和對方辯論；還有的是站在長輩的立場上，以教訓人的口吻，指點別人該怎麼做。這樣一來，就等於先把對方推到錯誤的一方，因此，效果往往不好。說服人的方法和技巧很多，以下幾種是比較實用簡便的：

一、用高尚的動機來激勵他。

在一般情況下，每個人都推崇高尚的道德，都有起碼的自覺和做人的品德。所以，在說服朋友轉變看法的時候，一個有效的辦法就是，用高尚的動機來激勵他。比如說這樣做將對國家、公司帶來什麼好處，或將對家庭、對子女帶來什麼好處，或將對自己的信用有什麼影響等等。這往往能夠很好地啓發他，讓他做應該做的事。

二、用熱忱來感化他。

當說服一個朋友的時候，他最擔心的是可能要受到的傷害，因此，在心理上便先砌起了一道牆，在這種情況下，不管你怎麼講道理，他都聽不進去。解決這種心態最有效的辦法就是，要用誠摯的態度、滿腔的熱情來對待他。在說服他的時候，要用真摯的感情來感化他，使他從內心受到感動，從而改變自己的態度。

三、透過交換訊息促使他改變。

實踐證明，不同的意見往往是由於掌握了不同訊息所造成的。有些人訊息量不夠，對問題不理解；也有些人習慣於老派的做法，對新做法不瞭解；還有些是聽人誤傳，對某些事情有誤解等等。在這種情況下，只要能把訊息傳給他，他就會覺察到一切不是像自己原來所想像的那麼美好，進而採納他人的新主張。

四、激發他主動轉變的意願。

想讓朋友心甘情願地去做任何事，最有效的方法不是談你所需要的，而是談他需要的，教他怎麼去得到。探察別人的觀點，並且引起他對某項事物迫切需要的願望，這並不是要操縱他，使他做只對你有利而不利於他的某件事，而是要他做對自己有利，同時又符合你想法的事。這裡要掌握兩個環節：一是說服人時要設身處地地談問題，要把別人的事當作對彼此互相有利的事來加以對待；二是在促使他行動時，最好讓他覺得這不是你的主意，而是他自己的主意。這樣他會更加主動和積極。

五、用間接的方式促使他轉變。

說服朋友時，如果直接指出錯誤，他常常會採取守勢，並竭力爲自己辯護，因此，最好用間接的方式讓他瞭解應改進的地方，從而達到使其轉變的目的。所謂間接方法多種多樣，如把指責變爲關懷；用形象的比喻來加以規勸；避開實質問題談相關的事；以別人或自己的錯誤來啓發他；用建議的方法提出問題等等。這就要靠說服者根

據實際情況以創造性的方式加以運用。

六、提高對方期望的心理。

被說服者是否接受意見，往往和他心目中對說服者的「期望」心理有關，說服者如果威望高，一貫言行可靠，或者平時和自己感情好，覺得可以信賴，就比較願意接受他的意見。

七、以對方感興趣的人或事間接打動對方。

一位推銷員奉命到印度去推銷一個經過數次談判都沒有成功的軍火生意。他事先打了一通電話給印度軍界一位將軍，但隻字不提合同的事，只是說：「我準備到加爾各答去，這次是專程到新德里拜訪閣下，只見個面，就滿足了。」那位將軍勉強地答應了。

來到將軍的辦公室，將軍先聲明：「我很忙，請勿多佔時間！」冷漠的態度讓人覺得談生意幾乎無望。

然而，推銷員說出的話，卻讓人感到意外。「將軍閣下！您好。」他說，「我衷心向您表示謝意，感謝您對敝公司採取如此強硬的態度。」

「……」將軍感到莫名其妙，竟一時語塞。

「因爲您使我得到了一個十分幸運的機會，在我過生日的這一天，又回到了自己的出生地。」

「先生，您出生在印度嗎？」冷漠的將軍露出了一絲微笑。

「是的！」推銷員打開了話匣子，「一九二九年的今天，我出生在貴國名城加爾各答。當時，我父親是法國密歇爾公司駐印度的代表。印度人民是好客的，我們一家的生活得到了很好的照顧。」

接著，推銷員又娓娓地談起他對童年生活的美好回憶：「在我過三歲生日的時候，鄰居一位印度大媽送給我一件可愛的小玩具，我和印度小朋友一起坐在象背上，度過了我一生中最幸福的一天……」

將軍被深深感動了，當即提出邀請說：「您能在印度過生日太好了，今天我想請您共進午餐，表示對您生日的祝賀。」

汽車駛往飯店途中，推銷員打開公文包，取出顏色已經泛黃的合影照片，雙手捧著，恭恭敬敬地展放在將軍面前，「將軍閣下！您看這個人是誰？」

「這不是聖雄甘地嗎？」

「是呀！您再仔細瞧瞧左邊那個小孩，那就是我。四歲時，我和父母一起回國途中，曾經十分榮幸地和聖雄甘地同乘一條船。這張照片就是那次在船上拍的。我父親一直把它當作最寶貴的禮物珍藏著。這次，我也要去拜謁聖雄甘地的陵墓。」

「我非常感謝您對聖雄甘地和印度人民的友好感情。」將軍緊緊握住了推銷員的手。

當推銷員告別將軍回到住處時，這宗大買賣已拍板成交。

他成功的秘訣是什麼呢？在不能正面說服的情況下，採用「智取」的策略，激起對方的興趣，間接打動對方。我們在試圖說服朋友的時候，也可以借鑒這種做法。

八、委婉些，再委婉些。

有一次，斯伯特和朋友去吃飯，當魚送上來的時候，大家一嚐就覺得不對。這時，

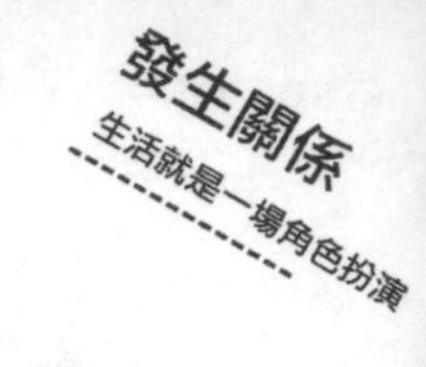

斯伯特對眾人使了個眼神，要大家別動聲色，接著請出餐館大師傅，很客氣地說：「您的手藝真沒話講！每道菜都好！」又附耳道：「這條魚您是不是可以端進去再加點調料，順便嚐嚐！」

過了不久，餐館師傅高高興興地把魚又端出來，且等在桌邊問：「各位嚐嚐現在如何？」

心照不宣，那魚已換了一條。

這就是婉轉說話的例子。如果他們當眾喊：「老闆！你的魚不新鮮！」為了面子，只怕場面會陷入尷尬，何必呢？彼此都受到了傷害。而且，若雙方吵起來，只怕下道菜裡面也會多幾口痰。

在說服朋友的時候，也千萬不要忽視了委婉的技巧。

九、清楚地瞭解對方的希望和願望。

威爾森為一家專門替服裝設計師和紡織品製造商設計花樣的畫室推銷草圖，一連三年，威爾森先生每個星期都會去拜訪紐約一位著名的服裝設計師。「他從不拒絕接見我，」威爾森先生說，「但他也從來不買我的東西。他總是很仔細地看看我的草圖，然後說：『不行，威爾森，我想我們今天談不攏了。』」

經過一百五十次的失敗，威爾森終於明白自己過於墨守成規，於是他下定決心，每星期撥出一個晚上去研究做人處世的哲學，以發展新觀念，創造新的熱忱。

不久，他就急於嘗試一項新方法。他隨手抓起六張畫家們未完成的草圖，衝入買主的辦公室。「如果你願意的話，希望你幫我一個小忙，」他說，「這是一些尚未完成的草圖。能否請你告訴我，我應該如何把它們完成才能對你有所幫助？」

這位買主默默地看了一會兒，然後說：「把這些圖留在我這兒幾天，然後再回來見我。」

三天以後，威爾森又去了，獲得買主的建議，取了草圖回到畫室，並把它們修飾完成。結果呢？全部被接受了。

從那時候起，這位買主訂購了許多其他的圖案，這全是根據他的想法畫成的——而威爾森卻淨賺了一千六百美元的佣金。「我現在明白，這麼多年來，爲什麼我一直無法和這位買主做成買賣，」威爾森說，「我以前只是催促他買下我認爲他應該買的

東西。而我現在的做法正好完全相反。我鼓勵他把他的想法交給我。他現在覺得這些圖案是他創造的，確實也是如此。我現在用不著去向他推銷，他自動會買。」

當提奧多・羅斯福當紐約州州長的時候，他完成了一項很不尋常的功績。他一方面和政治領袖們保持很良好的關係，另一方面又強硬施行一些他們十分不贊成的改革。下面是他的做法：

當某一個重要職位空缺時，他就邀請所有的政治領袖推薦接任人選。「起初，」羅斯福說，「他們也許會提議一個很差勁的黨棍，就是那種需要隨時注意關照的人。我就告訴他們，任命這樣一個人不是好政策，大眾也不會贊成。」

「然後，他們又把另一個黨棍的名字提供給我，這一次是個老公務員，他只求一切平安，少有建樹。我告訴他們，這個人無法達到大眾的期望，接著我又請求他們，看看他們是否能找到一個更加適合這職位的人選。」

「他們第三次建議的人選，差不多可以但還不太滿意。」

「接著，我謝謝他們，請求他們再試一次，而他們第四次所推舉的人就可以接受了。於是，他們提名了一個我自己也會挑選的最佳人選。我對他們的協助表示感激，接著就任命那個人——我還把這項任命的功勞歸之於他們——我告訴他們，我這樣做是爲了能使他們感到高興，現在該輪到他們來使我高興了。」

「而他們真的使我高興。他們以支持像『文職法案』和『特別稅法案』這類全面性的改革方案，來使我高興。」

羅斯福盡可能地向其他人請教，並尊重他們的忠告。當羅斯福任命一個重要人選時，他讓那些政治領袖們覺得，他們選出了適當的人選，完全是他們自己的主意。

十、站在對方的角度上考慮問題。

戴爾・卡耐基每季都要在紐約的某家大旅館租用大禮堂二十個晚上，用以講授社交訓練課程。

有一回，他剛開始授課時，忽然接到通知，館方要他付比原來多三倍的租金。而這個消息到來以前，入場券已經印好，而且早已發出去了，其他準備開課的事宜都已辦妥。

當然他要去交涉，但應該怎樣做才能交涉成功呢？館方感興趣的是他們想要的東

西。兩天以後他去找經理，他說：「我接到你們的通知時有點震驚。不過，這不怪你。假如我處在你的位置，或許也會寫出同樣的通知。你是這家旅館的經理，你的責任是讓旅館盡可能增加盈利。不這麼做的話，你的經理職位難以保住。假如你堅持要增加租金，那麼讓我們來合計一下，這樣對你有利還是不利。」

「先講有利的一面。大禮堂若不出租給講課活動，而是出租給舉辦舞會、晚會等活動，那你可以獲大利了。因爲舉行這一類活動的時間不長，他們能一次付出很高的租金，比我的租金當然要多得多。租給我，顯然你吃大虧了。」

「現在，來考慮一下不利的一面。首先，你增加我的租金，卻是降低了收入。因爲實際上等於你把我趕跑了。由於我付不起你所要的租金，勢必要再找別的地方舉辦訓練班。」

「還有一件對你不利的事實。這個訓練班將吸引上千位受過教育的中上層管理人員到你的旅館來聽課。對你來說，這難道不是免費的活廣告?事實上，就算你花五千元在報紙上登廣告，也不可能邀請這麼多人親自到你的旅館來參觀，但我的訓練班幫你邀請來了，這難道不划算嗎？」

講完後，卡耐基起身準備告辭：「請仔細考慮後再答覆我。」當然，最後經理讓步了。

在卡耐基獲得成功的過程中，沒有談到一句關於他要什麼的話，他一直是站在對方的角度想問題的。

可以設想，如果他氣勢洶洶地跑進經理辦公室，提高嗓門叫道：「這是什麼意思！你知道我把入場券印好了，而且都已發出，開課的準備也已全部就緒了，你卻要增加三成的租金，這不是存心整人嗎？百分之三十！好大的口氣！你瘋了！我才不付哩！」

想想，那又該是怎樣的局面呢？大爭大吵必然會砸鍋，你會知道爭吵的必然結果：即使他能夠辯得過對方，旅館經理的自尊心也很難使他認錯而收回原意。

設身處地替別人想想，瞭解別人的態度和觀點，比一味地爲自己的觀點和主張作爭辯要高明得多，不管在談生意，還是說服朋友都是如此。

得體的對付長舌朋友

有朋友來訪，促膝長談，表達友情，交流思想，不僅是生活樂趣，也是人生道路上的一大益事。但現實生活中，也有爲我們帶來不便的不速之客。有時你剛想靜下心來讀點書或是做點事，不料不請自來的客人常擾得你心煩意亂。他東家長西家短，嘮嘮叨叨，沒完沒了，一再重複你毫無興趣的話題，且越說越起勁。

你勉強敷衍，心不在焉，焦急萬分，真想對他下逐客令，又怕傷了感情，難以啓齒。如果捨命陪君子，那麼你將一事無成，因爲你的時間——世界上最寶貴的東西——就這樣白白地被別人佔去。

那麼，該怎樣對付饒舌常客呢？最好的辦法是：運用高超的語言技巧，把逐客令說得美妙動聽，這樣就能兩全其美：既不傷朋友的自尊，又爲自己節省了寶貴的時間。下面的三種方法可供借鑒。

一、用委婉的語言來提醒、暗示。

你可以用委婉的語言來提醒、暗示不速之客，主人並沒有多餘的時間跟他閒聊。跟冷酷無情的逐客令相比，這種方法更容易被對方接受。例如：「今晚我有空，我們好好聊聊。從明天開始我就要全力以赴準備資料，我希望這次能考上律師。」這兩句話的意思是：請您從明天起別再來打擾我了。

又如：「最近我妻子身體不適，吃過晚飯就想睡，我們是否聊小聲一點？」此話雖然用的是商量口氣，但傳遞的訊息十分明確：你的高談闊論有礙女主人的休息，還是請你少光臨爲妙吧！

二、過分熱情，讓對方不自在。

不速之客一到，你就笑臉相迎，趕忙沏茶倒水，捧出瓜子、糖果，喊著到處找煙，很有可能把他嚇得下次不敢貿然再來。你用接待貴賓的高規格，他一般也不敢老是以貴客自居。

三、主動出擊。

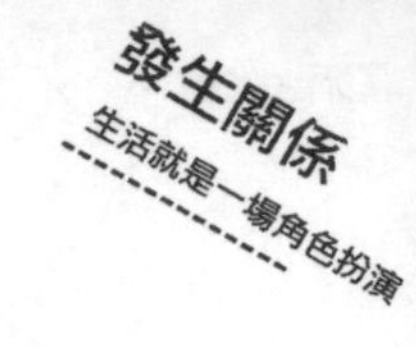

用主動出擊的積極姿態堵住長舌客登門來訪之路。看準他一般是在每天何時到你家，不妨在他來訪之前先「殺」上門去：「您多次來訪，禮尚往來，我應回訪您，否則太失禮了。」於是你由主人變成了客人，他則由客人變成了主人。這樣，你就擁有掌握交談時間的主動權，想何時回家，就何時告辭：「最近我有些急事要處理，改日再談吧！」

更重要的是，你「殺」上門去的次數一多，他就被你牢牢粘在自己家裡，原先每晚必去你家的行爲模式就有望改變。過了一段時間之後，他很可能便不再重蹈覆轍。以攻代守，先發制人，其實是特殊形式的逐客令。

必須注意的是，不管使用何種方法，主人都必須不失熱情。不速之客一般是鄰居、親戚、同學、同事，主客之間相當熟悉，切忌用冷冰冰的表情和尖刻刺耳的語言刺傷對方，也不宜用愛理不理、屢屢看手錶等方式表示煩厭之意，免得以後見面時十分尷尬。

掌握與朋友交往的分寸

許多人交友常常認爲，好朋友彼此熟悉瞭解，親密信賴，如兄如弟，財物不分，有福共享，講究客套太拘束也太見外了。其實，他們沒有意識到，朋友關係的存續是以相互尊重爲前提的，容不得半點強求、干涉和控制。彼此之間，情趣相投、脾氣對味則合、則交；反之，則離、則絕。朋友之間再熟悉，再親密，也不能隨便過頭，不講客套。因爲這樣，默契和平衡將被打破，友好關係將不復存在。因此，對好朋友也要客氣有禮，可以不強調自己的「面子」，但不可以不給朋友面子。

和諧深沉的交往，需要充沛的感情爲基礎，這種感情不是矯揉造作的，而是真誠的自然流露。當然，所謂好朋友之間講究客套，並不是說在一切情況下都要僵守不必要的繁瑣禮儀，而是強調在好友之間相互尊重，不能跨越對方的禁區。

每個人都希望擁有自己的一片小天地，朋友之間過於隨便，就容易侵入這片禁區，從而引起隔閡衝突。比如，不問對方是否空閒、願意與否，任意支配或佔用對方已有安排的寶貴時間，一坐下來就滔滔不絕地高談闊論，全然沒有意識到對方的難處

與不便；一意追問對方深藏心底不願啓齒的秘密，一味探聽對方秘而不宣的私事；忽視朋友是感情一體而不是經濟一體的事實，花錢不忘你我，用物不分彼此。凡此等等，都是不尊重朋友，侵犯、干涉他人的壞現象。偶然疏忽，可以理解，可以寬容，可以忍受。長此以往，必生間隙，導致朋友的疏遠或厭倦，友誼的淡化。因此，好朋友之間也應講究客套，恪守交友之道。

對朋友放肆無禮，最容易傷害朋友，其表現有如下種種，不可不小心約束：

一、過度表現，言談不慎，使朋友的自尊心受到創傷。

也許你與朋友之間無話不談，十分投機。也許你的才學、相貌、家庭、前途等等令人羨慕，高出你朋友一些，這使你不分場合，尤其與朋友在一起時大露鋒芒，表現自己，言談之中流露出一種優越感，這樣會使朋友感到你在居高臨下對他說話，在有意炫耀抬高自己，他的自尊心受到創傷，便會不由得產生敬而遠之的意念。所以在與朋友交往時，要控制情緒，保持理智平衡，態度謙遜，虛懷若谷，把自己放在與人平等的地位，注意時時想到對方的存在。

二、彼此不分，違背契約，使朋友對你產生防範心理。

朋友之間最不注意的是對朋友物品處理不慎，常以爲「朋友間何分彼此」，對朋友之物，不經許可便擅自拿用，不加愛惜，有時遲還或不還，一次兩次礙於情面，朋友不好意思指責，久而久之會使朋友認爲你過於放肆，產生防範心理。實際上，朋友之間除了友情，還有一種微妙的契約關係。以實物而言，你和朋友之物都可隨時借用，這是超出一般人關係之處，然而你與朋友對彼此之物首先應該有一個觀念：「這是朋友之物，更當加倍珍惜。」親兄弟，明算帳。一定要注重禮尙往來的規矩，要把珍重朋友之物看作如珍重友情一樣重要。

三、過於散漫，不拘小節，使朋友對你產生反感。

朋友之間，談吐行爲理應直率、大方、親切、不矯揉造作，才能顯出自然本色。但過於散漫，不重自制，不拘小節，則使人感到你粗魯庸俗。也許你和一般人相處會以理性自約，但與朋友相聚就忘乎所以。信口雌黃，或在朋友說話時肆意打斷，譏諷嘲弄，或顧盼東西，心不在焉，也許這是你的自然流露，但朋友會覺得你有失體面，

沒有風度和修養，自然對你產生一種厭惡輕蔑之感，改變了對你的原來印象。所以，在朋友面前應自然而不失自重，熱烈而不失態，做到有分寸、有節制。

四、隨便反悔，不守約定，使朋友覺得你不可信賴。

你也許不那麼看重朋友間的某些約定，對於朋友們的活動總是姍姍來遲，對於朋友之求，當時爽快地應承，過後又中途變卦。也許你真有事情耽誤了一次約好的聚會，或沒完成朋友相托之事，也許你事後輕描淡寫解釋一二，認為朋友間應當相互諒解寬容，區區小事何足掛齒？可是，朋友們卻可能會因你失約而心急火燎，掃興而去。雖然他們當面不會指責，但必定會認為你在玩弄朋友的友情，是在逢場作戲，是反覆無常、不可信賴之輩。所以，對朋友之約或托付，一定要慎重對待，遵時守約，要一諾千金，切不可言而失信。

五、趁人不備，強行索求，使朋友認為你太無理、霸道。

當你有事需求人時，朋友當然是第一人選，但若你事先沒有先通知，臨時登門提出所求，或不顧朋友是否情願，強行拉他參加某項活動，這都會使朋友感到左右爲難。他如果已有活動安排不便更改，就更難堪了。對你所求，若答應則打亂自己的計劃，若拒絕又在情面上過意不去。或許他表面樂意而爲，但心中就有幾分不快，認爲你太霸道，不講道理。所以，你對朋友有求時，必須事先告知，採取商量口吻講話，盡量在朋友無事或情願的前提下提出請求，同時要記住：己所不欲，勿施於人。

六、不識時務，反應遲緩，使朋友對你感到厭煩。

當你去朋友家拜訪時，若遇上朋友正在讀書學習，或正在接待客人，或正和戀人相會，或準備外出等，你也許自恃摯友，不顧時間場合，不看朋友臉色，一坐半天，誇誇其談，喧賓奪主，不管人家早已如坐針氈，極不耐煩了。這樣，朋友一定會認爲你太沒有教養，不識時務，不近人情，之後就想方法躲避你，害怕你再打擾他的私生活。所以，每逢此時此景，你一定要反應迅速，稍稍寒暄幾句就知趣告辭，珍惜朋友的時間和尊重朋友的私生活，如同珍重友情一樣可貴。

七、用語尖刻，亂尋開心，使朋友突然感到你可惡可恨。

有時你在大庭廣眾面前，爲炫耀自己能言善辯，或爲譁眾取寵逗人一樂，或爲表示與朋友之親密，亂用尖刻詞語，盡情挖苦嘲笑諷刺朋友或旁人，大出其洋相以搏人大笑，獲取一時之快意，竟不知會大傷和氣，使朋友感到人格受辱，認爲你變得如此可恨可惡，後悔誤交了你。也許你還不以爲然，會說朋友之間開個玩笑何必當真，殊不知你已先損傷了朋友之情。所以朋友相處，尤其在眾人面前，應和藹相待，互敬、互慕、互尊，切勿亂開玩笑，用惡語傷人。

八、過於小氣，斤斤計較，使朋友認為你是吝嗇之人。

你可能在擇友交友時，認爲朋友的友情勝於一切，何必顧慮經濟得失，金錢不能使友情牢固。這種思想使你與朋友相處時顯得過於小氣，事事不出分文；或患得患失，唯恐吃虧。對朋友所饋慨然而受，自己卻一毛不拔，這會使朋友感到你視金如命，是個吝嗇之人。所以朋友之交，過於拮据顯得吝嗇小氣，而適度的慷慨則顯得豪爽大度，它會使友情牢固。

九、一意孤行，不聽建議，使朋友感到你是無為多事之人。

是朋友就是要同舟共濟，對好友的意見應認真考慮，適當採納。如果你無視這一點，每每一意孤行，堅持己見，無視朋友之勸，依舊我行我素，結果自己吃虧，朋友受累，這必定使朋友感到失望，認爲你太獨斷專橫，不把朋友放在眼裡，是個無爲多事之人，日後漸漸疏遠你。所以你在遇事決策時，應多聽並尊重朋友意見，理解朋友的好心，即使難以採納的意見，也要說清楚，使人感受到你的尊重。

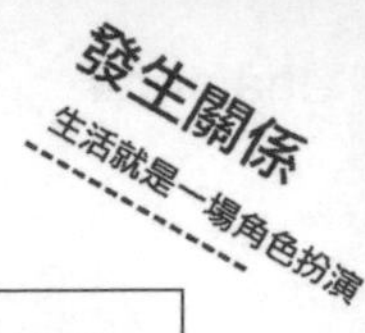

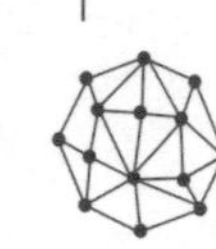

對朋友不必百依百順

詹姆斯這幾天明顯有些睡眠不足，他有太多的事情要做。

可是，當鄰居海倫請他過去幫忙弄一下電腦時，他說：「OK！」

派特請他幫忙抬電子琴到樓下時，他說：「Yes！」

哈瑞叫他幫忙照看一下小孩時，他說：「可以。」

瑪瑞安要他爲她的派對做張海報時，他說：「沒問題！」

他的特點是幾乎從不說「不」。

而麥克在這方面的風格卻與詹姆斯大不相同。

早上，露茜阿姨打電話來，問麥克能不能陪她一起去看「蘇富比」拍賣的中國古董。麥克說：「不！」

中午社區報紙打電話問麥克能不能爲他們的徵文頒獎。麥克說：「不！」

下午聖若望大學的學生打電話來，問他能不能參加週末的餐會。他說：「不！」

晚上，《華盛頓晚報》傳真過來問麥克能不能寫個專欄。他說：「不！」

當詹姆斯說四個「是」的時候，麥克說了四個「不」！

你或許認爲麥克不近人情，但當事人卻沒有這種感覺，因爲麥克很講究方式和技巧。當他說第一個「不」時，同時告訴了露茜阿姨「下次拍賣古董，我會去。至於今天，因爲我對家具、器物、玉石的瞭解不多，很難提出好的建議。」

當麥克說第二個「不」時，他說：「因爲我已經做了評審。並且貴報最近經常刊登我的新聞，還在一篇有關座談會的報道中讚美我，而批評了別人。如果我再去頒獎，恐怕會引人猜測，顯得有失客觀。」

當他說第三個「不」時，他說：「因爲近來飽受坐骨神經痛之苦，必須在硬椅子上直挺挺地坐著，像是挨罰一般，而且不耐久坐。爲免煞風景，以後再找機會！」

當他說第四個「不」時，他以傳真告訴對方：「最近剛剛寄出一篇文章，專欄等以後有空再寫。」

麥克說了「不」，但是說得委婉。他確實拒絕了，但拒絕得有理。因此能夠取得對方的諒解，自己也落得清閒，而不像詹姆斯那樣弄得自己睡眠不足。

這世界上確實有許多人不會說「不」，可能是不敢，或是不好意思。

不敢說「不」的人，往往缺乏實力，他們怕若不順著對方的意，自己就要吃虧。豈知愈是想討好每個人，最後可能誰也沒討好，因爲沒有人珍視他的「好」，反而加倍責備他的不周到。愈是想對得起每一個人，愈可能對不起人，因爲精神、時間、財力有限，不可能處處顧及，結果還是對不起人。就算拚老命地應付了每個人，終究還是對不起了自己。

大家應該了解：只有在表現說「不」的實力時，對方才會感激你說的「是」；也只有在你知道說「不」的情況下，才能積蓄足夠的實力說「是」。

只有充滿自信與原則的人知道說「不」，也只有別人知道你有說「不」的原則之後，會信任你所說的「不！」

委婉地道出你的苦衷、說出你的原則，必能獲得朋友的諒解，贏得對方尊重！

維持同學間的密切關係

現代社會裡，同學之間畢業後仍然互相幫忙，互相關心的事情經常發生。同學關係是非常純潔的，有可能發展爲長久、牢固的友誼。因爲在學生時代，人們年輕單純，熱情奔放，對人生對未來充滿浪漫的理想，而這種理想往往是同學們共同追求的目標。曾幾何時，彼此在一起熱烈地探討，每個人的內心世界都袒露在別人面前。加之同學之間朝夕相處，彼此間對對方的性格、脾氣、愛好、興趣等等都能夠深入瞭解。

假如你在學生時期不太引人注目，交往的範圍也很有限度，也不必因爲昔日的經驗，而使想法變得消極。因爲，每個人踏入社會後，所接受的磨練均是不同的，絕大多數的人在受到社會的洗禮之後，就開始懂得注意人際關係的重要性了，因此，即使與完全陌生的人來往，通常也能相處得不錯，你可以重新展開人際關係的營造。換言之，不要拘泥於學生時期的自己，要以目前的身份來展開交往。

誰沒有幾位昔日的同窗？千萬不要把這種寶貴的人際關係資源白白浪費掉。從現

在開始，你要努力地去開發、建設和使用這種關係。

同學關係有時的確能在關鍵時刻幫上大忙。值得注意的是，平時一定要注意和同學培養、聯絡感情，只有平時經常聯絡，同學之情才不至於疏遠，也才會心甘情願地幫助你。如果你與同學分開之後，便從來沒有聯絡過，突然出現便是要託他辦事時，若是一些關乎他利益的事情，他可能就不會幫你了。

與同學保持聯繫的方式和機會有很多，下面的做法值得借鑒：

一、祝賀有喜事的同學。

有空打個電話給遠在異地的同學們，或發個電子郵件，詢問一下對方近來的工作、學習情況，順便也談談自己的情況，互相交流一下，這是很有必要的，這點時間絕對不能節省。碰上同學們的人生大事，如果有空最好親自參加，如果實在抽不出時間，也應該有所表示；否則，就會失去一個聯絡感情的絕好契機。

對方有困難的時候，更應加強聯繫，許多人很願意向同學報告自己的喜事，但對一些困難之事卻不好意思開口，應去掉這些顧慮。

二、安慰陷入困境的同學。

得知同學有家人生病或遇上不幸的事，應馬上想辦法去看看。平日儘管因工作忙、學業重，沒有很多時間來往，但當朋友有困難時鼎力相助或打聲招呼，更顯出你們間的深厚情誼。患難朋友才是真朋友，關鍵時刻拉人一把，別人會銘記在心。

三、積極參加同學會。

在現代社會裡，人們都已經充分認識到同學之間交往的重要性。爲了方便大家經常保持聯絡，同學會已成爲一種時髦。這是一種十分有效的方法，一年一小會，五年一中會，十年一大會，關係愈聚愈堅，愈聚愈緊，彼此互相照應，一方有難，八方支援。它說明了同學關係已越入了一個更高的層次，不受時間所限，不受空間所限，只要有「聚」，那份關係，那份情，將取之不盡，用之不竭。

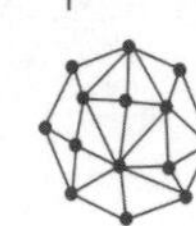

努力培養鄰居關係

俗話說得好：遠親不如近鄰，近鄰不如對門。意思是說，居家過日子，若遇到大小事情，鄰里的及時救援，更要勝過親戚的幫助。因爲親戚離得遠，遠水難救近火，倒不如鄰居來得迅速。這話道出了鄰里關係友好親密的重要性。

鄰里關係若處得好，有時甚至會勝過親戚關係。它是我們在社會上成功辦事可利用的重要關係。事實上，有許多人都是受過鄰居幫助的。在日常生活中，誰都免不了託付鄰居幫忙辦事。比如出遠門了，告訴鄰居幫忙看家；有人生病了，求鄰居幫忙送到醫院；生活上有許多事在很多時候都是離不開鄰居的。很多處得好的鄰里關係最後都變成了真誠的朋友關係。鄰里關係的重要，就在於它有時能解危難之急。

那麼，在日常生活中，該怎樣維持與鄰居的關係呢？

一、主動提供鄰居幫助。

要求得鄰里的幫助，我們就應該在適當的時候先去幫助鄰居。例如詢問身體狀況，事業發展，家人情況等，或是記住對方曾經說過的話，然後向對方表示：「您曾說過……」，這樣鄰居就會感受到關心。

二、找鄰居解決家務事。

有一個好鄰居，便可以幫忙解決麻煩的家務事。在一個小城市裡，有位善良溫柔的女人，她和丈夫生活得很幸福。而鄰居男主人性子比較急躁，愛發脾氣，心情不好時會與家人吵架，甚至大打出手。她和丈夫決心巧妙的勸解這對吵架的夫妻。

這次吵架，他們接納負氣出走的鄰居妻子住在自己家。那位丈夫一開始還賭氣，自己替孩子做飯，自己忙裡忙外。夜深人靜時，他才體會到妻子的溫柔體貼，想到她總會在自己忙得不可開交時倒一杯熱茶，總把家收拾得井井有條，妻子輕柔的話語比誰的安慰都重要。他終於意識到自己並不是不愛她，只是脾氣暴躁了點，都是自己不好。他到處找妻子都找不到，後來，才知道她住在鄰居家，就過去賠禮道歉。

這位溫柔的女人在接納那位受氣的妻子期間不斷地安慰她，提醒她想到丈夫的體貼關懷，她便也不再責怪丈夫，兩人又重歸於好。

在這個事件中，鄰居非常重要。如果沒有鄰居的幫助，不知事情會發展到何種程度。好鄰居會爲和諧的鄰里關係努力，當別人家有了不愉快的事，會全力幫助解決，尤其當遇到類似故事中的家務事，鄰居的適時援手，就能幫助家庭恢復幸福。

三、好事同慶。

好事同慶，是維繫鄰里關係友好的最佳時機。

鄰居辦喜事，道一聲祝賀，送一份禮；鄰居的兒子考上大學，適時地說兩句祝福，這都是十分必要的。

而當自己的家中有喜，同樣也可以艷請鄰居小聚，讓這樂融融的氣氛融洽彼此的關係。

好事同慶就如催化劑，巧妙地加快鄰里關係的發展。

扮演**陌生人**的你／妳

謹記原則：**主動交往，與陌生人相處自在**

為什麼我們經常錯過許多廣結人緣的機會？
就是因為我們常把那些黃金時段用來絞盡腦汁，
卻還是擠不出一句合適的開場白。
初次交往的成敗關鍵是適當的寒暄。
無論是主動或被動的打開話匣子都能得心應手。
一旦能達到這個境界，那麼無論把你丟在任何一個場合中，
都能迅速進入狀況，隨心所欲地擴展人緣，
為自己在生活與事業中，營造一個又一個絕佳的發展機會。

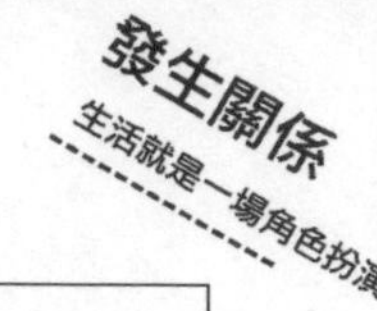

樹立良好的第一印象

一位著名的社會心理學家曾以大學生爲研究對象做實驗，讓兩組大學生評定對一個人的總印象。

他對第一組大學生說，這個人的特點是聰慧、勤奮、衝動、愛批評人、固執、妒嫉。很顯然，這六個特徵的排列順序是從肯定到否定。對第二組大學生，他所說的仍是這六個特徵，但排列順序正好相反，是從否定到肯定。研究結果發現，大學生對受評者所形成的印象，高度受到特徵呈現順序的影響。先接受了肯定訊息的大學生，對受評者的印象遠遠優於先接受否定訊息的第二組大學生。這就說明，最初印象有著高度的穩定性，後續的訊息甚至不能使其發生根本性的變化。

良好的第一印象是打開交往大門的無形鑰匙，可以說好的開始是成功的一半。在交往中，你怎樣才能使人留下良好的第一印象呢？不妨從以下幾個方面做起。

一、注意儀表。

社會心理學家認爲，人們在公眾場合總是喜歡親近衣著整潔、儀表大方的人。這種行爲，在日常生活中也常見到，沒有人願意和一個不修邊幅、骯髒邋遢的人在一起。人的衣著服飾表現出一個人的地位、身份和修養。爲獲得良好的初次印象，穿著上一定要注意身份和場合。電影明星打扮得稍微妖艷一些，人們會覺得正常；但一個中小學教師塗脂抹粉、穿著妖艷，就會被認爲不合時宜了。因此，我們平時要注意穿著得體、整潔，盡力爲自己帶給人的第一印象加分。

二、注意臉部表情。

在我們身邊，與人交談面帶笑容、聽人說話時表現出專注神情的人，一般人際關係都很好。表情不僅可以充分展示自己的人格和修養，還可以彌補一些先天不足，也可以掩蓋一些缺點。真誠的微笑會使人成爲交往中的常勝將軍。著名成人教育學家戴爾・卡耐基說過：要學會微笑。

眼睛是心靈的窗戶，在交往中，眼睛被對方注視得最多。兩個人見面時即使沒有開口說話，從目光上就可以判斷出對方的心理。所以在第一次與人見面時要善於有

效運用眼神，也要學會瞭解對方眼神的含義並隨時調整自己的眼神。眼睛可以直視對方，但不要引起對方的不愉快，在異性交往中，尤其要注意。

三、注意談吐。

想要透過談吐來建立良好的第一印象，首先要分析自己的聲音。仔細研究一下自己的聲音效果，無論是說話的速度、聲音大小，或音質和口齒清晰度等特點，在傳遞訊息的過程中，和說話方式、說話內容同等重要。

要讓自己的聲音傳遞出好的感覺，應當注意四個方面。

根據房間大小、聽眾人數、噪音量、說話內容以及本人的情緒，來決定說話速度，同時要學會停頓。

要能控制聲音的大小，保證自己的音量既能強調重點，又能讓對方瞭解談話的內容。高亢和低沉各具魅力，關鍵在於要適合當時的環境。

要消除破壞音質的因素，讓自己的音質成爲對方注意的特點。

要咬字吐句清晰，首先讓對方容易聽懂。

在談話的過程中要注意使用準確而又得體，而且對方也很願意接受的稱呼。在表述上，委婉是一種恰當的方式，含蓄也是有修養的表現，這些都能給對方一種受尊重的感覺。此外，說話幽默風趣也非常重要。

四、注意傾聽。

說是一門藝術，聽也是一門藝術。聽人講話要像自己講話一樣，保持飽滿的情緒，用心理解對方講話的內容，即使你已經聽懂了對方的意思，也應出於禮貌耐心聽下去，要善於做一個謙虛的聽眾。同時，不要邊聽人家講話，邊做與談話無關的事，這是對他人不友好的表現。

五、注意行為舉止。

行爲動作是一個人內在氣質、修養的表現。男子的舉止講究瀟灑、剛強，女子的舉止要注意優美、含蓄。要講究自己站和坐的姿勢、走路姿態，以及一些習慣性動作。身體接觸也是溝通的重要手段，見面時有分寸地握手，既得體又表現了熱情、開朗的

性格，對於建立第一印象是非常有利的。初次相識時斜坐在椅子上，顯得缺乏修養，行爲隨便；遠離他人講話表示與人有心理距離，不接納他人；目光游離則表明不把他人放在心上。所以，在交往中，一個注重自己言談舉止的人，會贏得很多人的好感。

六、從幫助他人開始。

在心理學中，幫助是廣義的，既包括情感上的支持，對於痛苦的分擔，觀點的贊同，建設性的建議，也包括困難解決上的協助和物質的支援。因此，以幫助和相互幫助爲開端的人際關係，不僅良好的第一印象確立起來比較容易，而且雙方的心理距離也可以迅速縮短，親密的關係便能很快建立起來。當他人有難之時，我們若能及時給予幫助，使其遠離危難，對方一定會對我們產生信任感，從而在短時間內建立起比較親密的關係。

幫助他人不一定非要在對方遇到重大困難時，也可以表現在日常生活的一些小事上，如熱情地爲陌生人指路，在公共汽車上讓座給他人，看到有人拎不動東西，你過去幫個忙……慢慢地，透過幫助他人，你可以獲得許多朋友和快樂。

七、接納他人。

如果你不相信任何人，也就不可能接納任何人。雖然交友要有選擇，但在沒有瞭解對方之前，不要一開始就全部否定，這會使你失去很多真正的朋友。實際上，根據人際交往的原則，你不信任別人，別人也就不會信任你；相反，你以坦誠友好的方式待人，對方也往往會以同樣的方式待你。畢竟在這個世界上，絕對的壞人是極少的，我們要善於瞭解他人個性上的優點。

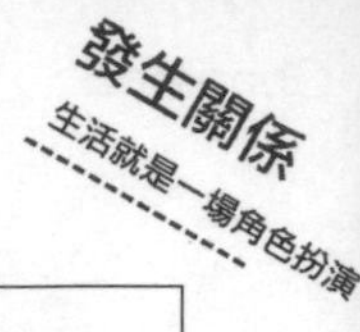

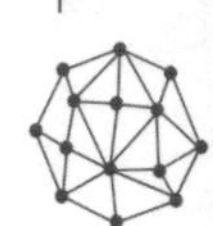

學會與陌生人交往

打開交際之門，真誠地待人處世，就會獲得知心的朋友，奠定成功的人際關係基礎。具體可從以下幾個方面努力：

一、主動向別人問好。

勇敢地用「嗨，你好」向別人主動搭訕，往往會收到很好的效果。爲什麼用「嗨，你好」這樣簡單的交際語言呢？其一，「嗨」表示招呼，人們在長期的人際交往中，已經習慣於說「嗨」聽「嗨」了。其二，「你好」是禮貌用語，看似普通，實則親切，充滿人情味。你主動與人搭訕，都會得到回應，然後再根據對方的情形和反應決定可否作較深一步的交談。

二、以情感人，以理服人。

與人交際的大原則是以情感人，以理服人。情爲理之先，理是情的堅強後盾。在漫長的交際生活中，不可避免地要遇到各種麻煩、糾纏甚至侮辱，此時切忌嗔怒，這會有損自身的形象，讓對方瞧不起，從而陷自己於更不利的地位。正確的方法是用「理」作為有力的武器，所謂動之以情曉之以理，就是這個道理。同時，也要避免用「情」過度，或者得理不饒人，一切均應在適度之中。只要善於駕馭情理，你就掌握了交際的原則，就可以應付交際中出現的各種情況。

三、找出共同語言，找出共同感興趣的東西。

在交際中，找出共同語言，找出共同感興趣的東西很重要，這樣才有話可說，能深入地交往下去。否則，話不投機半句多。在交談中，拘束刻板，循規蹈矩，使人感到枯燥無味，喪失興趣。應該學會和更多的人談得來，談吐優雅大方，妙語連珠。表達同樣一個內容，會有數種說法。用不同的說法會產生不同的效果。到底該怎樣說才能收到最佳效果，就需要長期的從實踐中不斷探索和總結。不妨把交際過程中遇到的特殊事例簡要地寫下來加以研究，一定會有所收穫。時間久了，日積月累，將會感悟到語言的無限魅力和奧妙，當你覺得和許多人能夠會心地交談時，你的交際水平便達到了更高的境界。

四、用身體語言展示自己的魅力。

身體的每一部分都散發著對生活的感受。揮手擺手，點頭搖頭，一顰一笑乃至於穿著打扮，無不向外界無聲地傳達著自身的訊息。或欣賞或厭惡，或贊成或反對，或歡樂或悲傷，或瀟灑或深沉，無須言語，別人一望而知。和別人交談時，就應善於運用自己的身體語言。一般來說，神態上面含帶微笑，表示對交際對像或某件事有好感和興趣；面色沉鬱表示有心事。像這樣的神態有許多，如回眸一笑，留戀的目光，專注的神情等等，都包含著不同的意思。

使用身體語言要注意讓對方明白你的意思，切忌模稜兩可含含糊糊，也不要過於直白。若表達不清，別人往往誤會；太過直白，別人則會認爲你輕浮。

五、培養獨立的個性。

在人際交往中，人們往往喜歡和有個性的人交往，那些失去本來面目，處處帶著假面具的人，只能招致別人的厭惡。交往中，對自己認爲錯的東西勇於提出不同的意見，大膽直言，表明自己的立場和態度。決不能逆來順受，這樣不但失去個性，更會使人覺得軟弱可欺，而且可能導致身不由己的境地。

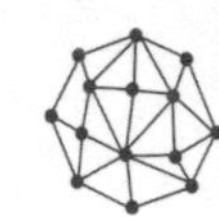

自在地和陌生人攀談

美國著名記者阿迪斯・懷特曼指出，害怕陌生人這種心理，大家都會產生。例如在聚會上不知如何與陌生人交談的時候；在求職面試中拚命想給人好印象的時候。事實上無論何時何地，遇上陌生人心裡都會七上八下，不知該怎樣打開話匣子。

然而，懂得怎樣毫無拘束地與人結識，能使我們擴大朋友圈，使生活豐富起來。多年來阿迪斯以記者身份往返世界各地，他和陌生人的談話有許多都是畢生難忘的。他說：「這就好像你不停地打開一些禮物盒，事前卻完全不知道裡面有什麼。老實說，陌生人引人入勝之處，就在於我們對他們一無所知。」

阿迪斯舉例，紐澳良有個修女，她看起來溫文儒雅，不問世事。但是不久後阿迪斯便發現她的工作原來是協助粗野的年輕釋囚重新做人。他還在加拿大一列火車上遇到一位一本正經的老婦人，她說她正前往北極圈內的一個村莊，因爲她聽人說在那裡可以見到北極熊在街上走！

阿迪斯說：「跟我談過話的陌生人，幾乎每一個都使我獲益匪淺。」一個在公園裡遇到的園丁告訴阿迪斯關於植物生長的知識，比他從任何地方學到的都多。埃及帝王谷一個計程汽車司機，請阿迪斯到他沒鋪地板的家裡喝茶，讓他感受到迥然不同的生活方式。在挪威，一個二次世界大戰時曾經參加秘密抵抗組織的戰士，帶阿迪斯到海邊一個荒涼高原，他告訴阿迪斯，那裡就是納粹爲了報復抵抗組織的襲擊把人質處決的地方。

我們過去從來沒有見過的人，甚至能幫助我們認識自己。因爲我們可能對一個陌生人說出平常時常想說，但面對親友時根本不敢開口的心裡話，此時陌生人便成爲了我們認識自己的一面新鏡子。

如果運氣好，和陌生人的偶遇還會發展成終身不渝的友誼。仔細想來，我們的朋友原本不就是陌生人？阿迪斯說：「世界上沒有陌生人，只有還未認識的朋友。」

那麼當我們遇上陌生人，怎樣才能好好利用這一刻呢？

一、先瞭解對方。

美國總統羅斯福是一個交際能手。早年還沒有被選爲總統時，在一次宴會上，他

看見席間坐著許多不認識的人，如何使這些陌生人都成爲自己的朋友呢？羅斯福首先找到熟識的記者，利用他的關係把自己想認識的人名、近況打聽清楚，然後主動找這些人攀談，叫出他們的名字，談一些他們感興趣的事。此舉大獲成功，這些人很快就成了羅斯福競選時的有力支持者。

二、選擇適宜的話題。

如果覺得實在沒有什麼好說，便可以考慮以下話題：

1. 坦白說明你的感受。

例如你可能在晚餐聚會上對自己嘀咕：「我太害羞，與這種聚會格格不入。」或是剛好相反，「你認爲許多人討厭這種聚會，但是我很喜歡。」不管如何，你必須把感受向第一個似乎願意洗耳恭聽的人說出來，這個人可能就是你的知音。坦白說出「我很害羞」或「我在這裡一個人也不認識」，總比讓自己顯得拘謹冷漠好得多。

最健談的人就是勇於坦白的人。這還有一個好處，如果你能坦誠相見，對方也會無拘束地向你吐露心聲。

一次，阿迪斯跟寫過一本好書的心理學家談話。通常阿迪斯對這類的訪問都能應付自如，而且會從中得到很大裨益，所以當他發覺自己結結巴巴，不知怎樣開口時，簡直大吃一驚。最後阿迪斯說：「不知爲什麼我對你有點害怕。」那位心理學家對阿迪斯這個說法非常有興趣，隨即大家就自然談起來了。

2. 談談周圍的環境。

如果你十分好奇，你自然會找到話題。有一次一個陌生人審視周圍，然後打破沉默，開口跟我說：「在雞尾酒會上可以看到人生百態！」這就是一句很有趣的開場白。

阿迪斯有一次坐火車，身邊坐了一位沉默寡言的女士，一連幾個小時他千方百計引她說話都未成功。直到還剩半個小時火車就要到站時，他們正好經過一個小海灣，大家都看到遠處岬角上一座獨立無依的房屋。她凝視著房子，一直到看不到它爲止。然後她突然說道：「我小時候就生活在像這種毫無人跡的地方，住在一座燈塔裡。」接著她便開始憶述當年生活的荒涼與美麗。

3.以對方爲話題。

有一次，阿迪斯聽見一位太太對一個陌生的女士說：「你長得真好看。」也許，我們大多數人都沒有說這種話的勇氣，不過我們可以說：「我遠遠就看見你進來，我想……」或是「你讀的那本書正是我最喜歡的。」

4.提出問題。

許多難忘的談話都是從一個問題開始的。阿迪斯常常問人：「你每天的工作情況怎樣？」通常人們都會熱心回答。

最好避免對方不感興趣的話題。邱吉爾就認爲孩子是不宜老掛在嘴邊的話題。有一次，一位大使對他說：「溫斯敦・丘吉爾爵士，你知道嗎？我們一次都沒聊起過我的孫子呢！」丘吉爾拍了拍他的肩膀說：「我知道，親愛的夥伴，爲此我實在是非常感謝！」

三、學會引導別人進入交談。

在交談中，除了吸引對方的興趣之外，還必須學會引導對方加入交談。常聽到一些青年人說：他們在約會的時候，總是發生冷場的狀況。其實，這本來是一個非常易於掌握的技巧，只要問一些需要回答的話，談話就能持續下去。但是，如果你只問：「天氣挺好的，是吧？」對方用一句話就可以回答了：「是啊，天氣真不錯！」這樣，談話也就進行不下去了。

如果你想讓談話對象開口暢談，不妨用下列問句來引導：「為什麼會……？」「你認為怎樣不能……？」「按你的想法，應該是……？」「你如何解釋……？」「你能不能舉個例子？」總之，「如何」、「什麼」、「為什麼」是提問的三件法寶。

四、簡潔而有條理。

不懂節制是不良的語言習慣之一。

無論是和一位朋友交談，還是在數千人的場合演講，最重要的就是說話簡單扼要切入主題。擔任企業行政主管的人幾乎都認為：在商業場合裡，最讓人頭痛的就是講話沒有條理。不知有多少人的時光都因此浪費在那些信口開河，多餘無聊的話中。如果你說話的目的是要告訴別人一件事，那就直截了當地說出來，不必扯得太遠。

五、避免過多的「我」。

人們口頭最常用的字之一就是「我」。這些人應該學學蘇格拉底不說「我想」而說「你看呢？」

有個笑話是這樣的。在一個園藝俱樂部的聚會中，有位先生在三分鐘的講話時間裡，用了三十六個「我」。不是說「我……」，就是說「我的……」，「我的花園……」，「我的籬笆……」。

結果，他的朋友忍不住走過去對他說：「真遺憾你失去了妻子。」

「失去了妻子？」他吃了一驚。「沒有！她好好的啊！」

「是嗎？那麼難道她和你談到的花園一點關係都沒有嗎？」

六、盡量少插嘴。

插嘴，就像是一把鉤子，不到萬不得已時，最好不要用它。約翰・洛克說：「打斷別人說話是最無禮的行爲。」

不要用不相關的話題打斷別人的談話；不要用無意義的評論擾亂別人的談話；不要搶著替別人說話；不要急於幫助別人講完故事；不要爲爭論雞毛蒜皮的小事打斷別人的正題。總之，別輕易插嘴，除非那人講話的時間拖得太長，他的話不再吸引人，甚至令人昏昏欲睡，已經引起大家的厭惡。這時，你打斷他倒是做了一件仁慈的好事！

七、留心傾聽。

談話投機，有一半要靠傾聽，不傾聽就不能真正交談。但是傾聽也是一門藝術。跟新認識的人談話時，你要看著他，好好地回應，鼓勵他繼續說下去。這樣的傾聽就不是被動，而是主動，是不斷向前探索。有意義的談話——有別於無聊的閒談——其目的就是在於互相發現和瞭解。

那麼該怎麼做才能使談話投機呢？要記住這一點：你對人家好奇，人家也對你好奇，你能增加他們的生活情趣，他們也能增加你的生活情趣。只讓對方一個人說話，

比你一個人說話好不到哪裡去。

談話要能投機，自己也要付出一點努力，很少有人能了解到這一點。有時，他們認爲自己害羞或平淡無味，他們會說：「我沒有什麼值得談的事情。」他們這樣說一定是錯的。事實上，大多數人都是有趣的。

多羅西・薩爾諾夫在其著作《語言可改變你的一生》中寫道：「實際上，即使一個充滿缺點，腦筋糊塗和變化無常的人，也有其令人驚奇之處。」

我們需要陌生人的刺激——一個跟我們不同、暫時是個謎的人。此外，和陌生人見面多少對你會有所影響。在最好的情況下，那是彼此心靈相通，意氣相投，這一次的邂逅，將使彼此成爲未來生命的一部分。

我們常常企圖說出別人期待我們說的話，一旦覺得自己不如別人，就感到擔心。然而正因爲大家都不同，人生才能成爲大舞台。只要彼此坦誠相對，不爲別的而只爲互相瞭解，那麼大家就能談得投機，相見歡愉。

得體地與陌生異性搭訕

很多人在與陌生人交往，尤其是與異性交往的時候，常常感到茫然不知所措，顧慮重重，不知如何下手。其實，只要掌握一些簡單的要領，就能擺脫這種被動的境遇。

一、克服恐懼心理，主動搭訕。

美國電影《叢林歷險記》有一段情節：彼此陌生的男女主角坐在火車上。男主角對坐在對面的女士頗有好感，於是他開始找話題：「小姐，打算去哪裡？你沒帶行李，看起來不是出來旅行的吧。」

女士回答：「我去菲爾德鎮，沒必要帶行李。」

「哦，菲爾德鎮，那可是個風景優美的好地方！」女士笑著點了點頭。

那位先生又說：「對了，車站邊那個咖啡館還在嗎？一年前我去過一次，那兒的咖啡味道真是棒極了！」

女士：「是的，我週末也常去那裡，氣氛挺不錯，佈置得也很有味道。」……

就這樣，雙方透過一次隨意的交談，從一對陌生人變成了依依不捨的朋友。如果這位先生不主動尋找話題搭訕，兩個人就會失之交臂。

一般情況下，每個人都喜歡傾聽別人（尤其是陌生人）閒談，如果聽到的是奇聞趣事，則興趣更濃。有的女性看起來高傲、面若冰霜，似乎難以接近，實際上她內心的孤獨感更強，她只是用冷漠的面具來掩飾內心的不安，而你得體的搭訕反倒容易引起她的積極反應。因此你不必顧慮，要有勇氣。攀談時要面帶微笑，因爲微笑能消除自己的緊張情緒，並且能使談話的氣氛融洽。同時，應以充滿真誠、明亮有神的眼睛注視對方，這不僅是一種禮貌，也是溝通感情的輔助語言，且易使對方減少戒備心理，產生信賴。但注視雖使人感到親切，仍然不宜長久凝視對方，以免對方覺得害怕。

二、尋找共同點作為話題

物以類聚，人以群分，每個人的社交圈，實際上都是以自己爲圓心，以共同點（年齡、愛好、經歷、知識層次等）爲半徑構成無數的同心圓。共同點越多，圓與圓之間交集的面積越大，共同語言也越多，也最容易引起對方的共鳴。比如，同班同學就比同校學生親密，同宿舍的室友又比同班同學要好，同桌吃飯則比同宿舍室友的更容易建立起牢固的友誼，如果既是同桌又是同鄉，那簡直可以成爲哥兒們。因此，在與他人搭訕時，一定要留意共同點，並不斷把共同點擴大，對方談起來才會興致勃勃，談話才會深入持久。

三、多談對方關心的事情，以免引起對方反感。

搭訕中，你不可大肆吹噓自己，這只會招致反感。你必須把對方關心的事放進談話中。對方關心什麼呢？人們最關心的是自己，這是人類最普遍的心理現象。比如，當我們看一張合影相片時，最先尋找的是自己，如果自己的相片走了樣，就會認爲整張照片拍得不好。因此，你必須談對方所關心的事，不斷提起，不斷深化，對方不僅不會厭惡，而且還會認爲你很關心體貼他。

四、不要過於嚴肅或擺架子，如能幽默一點，效果會更好。

有的人自我感覺很好，雖然他各方面條件確實不錯，但爲什麼常常在與異性搭訕

時遭到拒絕，自討沒趣？關鍵就出在他有著過度的優越感，總是高高在上，談起自己眉飛色舞，這樣很容易招人討厭的。即使是事業成功的人，如果一味地自吹自擂，只會令人望而遠之。與陌生的異性交談，不能一本正經，態度嚴肅，要有幽默感。幽默是人際關係的潤滑劑，是智慧的結晶，它帶給別人的是快樂，誰能拒絕這帶給人快樂的禮物呢？

有一則故事是這樣的：在擁擠的公共汽車上，一個青年不慎踩到別人的腳，他回頭一看，原來是位小姐。

小姐滿臉怒氣，青年急忙說：「對不起，對不起，我不是故意的。」接著又伸出一隻腳，認真地說，「不然妳也踩我一下。」小姐被這句話逗笑了。青年再次趁機搭訕，小姐也很樂意地和他交談。他的活潑和幽默，令小姐留下了深刻的印象。

五、策劃好一個小事件，但表現出是偶然巧合。

有時，你可能沒有機會和陌生的意中人接觸，更談不上搭訕。在這樣的情況下，你便可以自己製造機會。比如下面這個故事中就做得很好。

一個星期六的下午，一位五官端正、衣著入時的青年手捧一束紅玫瑰，禮貌地敲著一間公寓的門。

公寓的主人是德國外交部年輕女秘書海因茲。她謹慎地打開門，面對這位不速之客。她不知所措，難堪之餘，這位男士連連道歉：「我敲錯門了，這是個誤會，請原諒。」然後轉身離去。

未走兩步，又轉身走過來對海因茲說：「請收下這束鮮花，作爲我打擾你的補償。」海因茲盛情難卻，便把他請進屋裡，兩人就這樣認識了。

實際上，這個偶然的誤會是青年早就策劃好了的。雖然這樣也是欺騙，但他出於善意的欺騙，並不傷害對方，似也不必苛責。

對陌生人不吝讚美

馬斯洛的層次理論認爲，自尊和自我實現是一個人較高層次的需求，它一般表現爲榮譽感和成就感。但榮譽和成就的取得，還須得到社會的認可。而讚揚的作用，就是把他人需要的榮譽感和成就感送到對方手裡。當對方的行爲得到你真心實意的讚許時，他看到的是別人對自己努力的認同和肯定，從而使自己渴望別人讚許的動機，在榮譽感和成就感接踵而來時得到滿足，在心理上得到強化和鼓舞，養精蓄銳，更加主動向著目標衝刺。

對別人表示欣賞和讚揚，是我們在日常生活常常忽視的許多美德中之一。當兒女帶回一份優秀的成績單時，我們竟然忽視而沒有給予孩子讚揚，或者當他們第一次成功地做出一塊蛋糕，或做好一個鳥籠時，我們完全沒有給他們一番鼓勵。沒有任何東西比父母對子女的關注和讚揚，更能使他們感到快樂了。

下一次你在飯店吃到一道好菜時，不要忘記說這道菜做得不錯，並且把這句話傳給主廚。而當一位奔波勞累的推銷員向你表現出禮貌的態度時，也請你給予讚揚。

也許，每一位站在講台上的教師或演講人，都曾經歷過掏出腦袋裡所有的東西卻沒有得到聽眾一句讚揚而洩氣的情形。

那些在辦公室、商店以及工廠的工作人員，還有我們的家人和朋友，也會遭遇這種情形。

在人際關係方面，每個人都渴望別人的欣賞和讚揚。

在你每天所到的地方，不妨多說幾句感謝的話，留下一些友善的小小火花。你將無法想像，這些小小的火花將如何點燃友誼的火焰，而當你下次再到這個地方的時候，這友誼的火焰就會照亮你。

在讚美陌生人的時候，下面的幾個實用技巧可供借鑒：

一、對女性進行得體的讚美。

在與女性初次見面的時候，首先可考慮從對方的容貌開始入手設計話題。女人天生愛美，從小時候起她們就迷戀蝴蝶、鮮花等精緻、美好的東西。女人之美首先是先天之美，如長相、身材、皮膚、頭髮等，同時還包括後天的修飾。沒有女人不喜歡人

家讚美她漂亮的。因爲漂亮這個詞能使她感受到自己在同性中的位置，並對自己充滿信心。你應當記住的是，女人的美麗不光是臉蛋，從細膩的皮膚、漂亮整齊的牙齒、烏黑亮麗的頭髮、苗條修長的身材，到她優雅的舉止、善良的個性都可以成爲稱讚的話題。

在生活中，我們需要學會發現美。法國藝術家羅丹說的話很值得我們三思：「不是生活中缺少美，而是我們缺少發現美的眼睛。」在讚美女人之前要先觀察一番，比如說，某個女人很可能沒有漂亮的眼睛，但如果她的氣質很好，同樣可以納入我們的話題。對一個不夠漂亮的女人，切不可胡亂讚美，這樣會弄巧成拙。比如對身材不好的女性，就不可隨便讚美她的苗條俏麗，這樣人家會以爲你是在諷刺她。就算是對漂亮的女性，在稱讚時亦不可流於俗套的讚賞，否則也取不到應有的效果。

而對一個美麗的女人來說，讚美她的人已經不少了，所以你的讚美可能是步了第一千零一個人的後塵，她不會很在意。這時你在讚美的時候就不妨換個方式。下面是一些實例：

——與一位剛剛接觸的女性看過電影之後，你可以這樣說：「你真像電影裡的女主角啊！」這樣她會受寵若驚。

——走在大街上，一個身材姣好的女孩迎面而來。時機已到，你大大方方地迎上去：「你這件風衣真漂亮，在哪兒買的？」其實，你是醉翁之意不在酒。

——你在照相館裡看到一位小姐，這時候你可以走過去對她說：「你穿這身衣服，照相的效果一定很好。」

——對一位擁有別緻髮型的女孩說：「你這髮型不是在附近做的吧。我一猜就知道。」

——在游泳池裡見到一個漂亮的姑娘，你的發話要很自然：「常游泳的人總是曬得很黑，而你卻不然。」

——對一位對自己照片不滿意的女性說：「這照片根本不像你，簡直是兩個人。」

——對一位正在欣賞自己照片的女孩說：「藝術來源於生活，藝術美是生活美的真實反映。」

二、把顧客讚美得愉悅舒坦。

只要你懂得適當讚美別人，讓對方感到愉悅舒坦，你的生意就有了保障。

有家藥房的老闆就是給人面子的高手。他招呼客人的禮節分為兩次。第一次是當顧客一進門，他就馬上起身迎接，滿臉笑容誠心誠意地說：「歡迎光臨。」每個進門的客人聽到這種愉悅的問候，都感到非常舒坦，因此也不由得回禮，當對方回禮的時候，藥房老闆又再次向對方作揖行禮。

店主人這樣向顧客打招呼，顧客內心一定會產生被人重視的滿足感。

接下來，藥房老闆更進一步運用給人面子的策略，例如說些「你看起來真年輕」或是「你身上穿的這套衣服很漂亮」之類令人聽了舒坦又溫馨的話。

此外，這位藥房老闆更是遵守「不賣藥給來買藥的顧客」這個原則。當顧客在老闆客氣的招呼之下，正感舒坦地說：「請給我一瓶感冒藥。」

藥房老闆絕不會立刻遞上感冒藥，他反而改口說：「您是哪裡不舒服？」

倘若顧客回答「喉嚨痛。」

藥房老闆馬上緊接著說：「這樣子的話，最好不要服用感冒藥。」然後他就不賣藥給顧客。

這時，顧客一定對藥房老闆不賣藥的舉動，大感疑惑而納悶地問：「那麼應該如何才好？」

藥房老闆就會說：「您看起來工作非常繁忙，與其吃藥，不如以營養劑來強健身體，對你的感冒會更有幫助。」藥房老闆就這樣輕而易舉地說服顧客購買維他命或蜂王乳等營養補給品。

說別人忙也是對別人的一種讚美，因爲「忙」往往意味著賺錢或工作能力強。

顧客因爲藥房老闆的讚美，也就欣然接受建議，況且營養補給品給人的印象，的確是比藥品來得好。價錢更勝過藥品數倍。就是這種策略，使得這位老闆賣出了更多的營養品，藥房生意也就很興隆。

三、態度誠懇，表情認真。

在讚美別人的時候，態度誠懇，表情認真是極爲必要的。倘若是以漫不經心的態度向對方說一些聽起來舒坦愉悅的話語，即使是禮貌性的讚美，有時對方非但不會接受你的心意，反而會認爲你有點虛僞。因此，誠懇認真的表情是改變對方心理的重要策略。縱然所說的話的確與事實稍有不同，但只要極具誠意地表示，對方仍會相信這是你的由衷之言，因而對你產生良好的印象。

在以認真的表情讚美對方時，記得在語氣上要乾脆又果斷。好比說，在與他人打招呼寒暄「你看起來容光煥發，神采奕奕！」之後，馬上再加上一句：「看起來比實際年齡年輕多了！」相信對方必然會洋溢一股飄然的滿足感，對你更是產生良好的印象。因爲喜歡被人讚美年輕，是人之常情。

一般來說，大部分的人都相當重視自己給人的第一次印象。因此，想要令他人對自己產生良好的第一印象，在首次會面時，不妨將對方的年紀按實際年齡打七折，這是最佳的策略。

例如，對方是六十歲的人，你就要說「你看起來像四十多歲的樣子！」當然，對方一定會嚇一跳。而爲了避免讓對方產生被愚弄的不悅感，在讚美對方年輕時，你必須要先奠定對方的確感覺自己是四十多歲的心理，再以認真的表情向對方讚美。如此循序漸進、按部就班地說出來，即使對方很清楚這僅是禮貌性並非真實的讚美，他依然會被你的誠意打動而深感愉悅。

四、適當地貶低自己就等於捧高了對方。

在某些時間、場所，我們不便坦然對他人說出禮貌性的讚美。在這種情況下，不妨換個對象來表達，效果是同等的，甚至會遠遠超過所期望的效果。

這個訣竅就是貶低自己。適當地貶低自己，也能相對地捧高對方。即使是不擅言辭或不擅於稱讚的人，也能輕而易舉地使用這種方法，達到高捧他人的目的。

比如說，當我們參加某店鋪開張的慶祝會時，即使那是一家不怎麼樣的店鋪，我們也要依場合不同來爲慶祝會增添一些喜氣。我們可以說：

「這店鋪看起來真不錯，室內的裝潢也很考究。不像我經營的那家店，門沒做好，窗戶也是一大一小的。」

這樣將對方和自己作具體的比較，並技巧性地表明自己略遜對方一籌，對方將因被人高捧而產生優越感，他心中的舒坦自然是不言而喻了。

相反地，如果以輕視的口吻對主人說：

「店鋪的櫃檯再寬一點會比較好。你們下次整修時可要記住啊！」

對方在慶祝會上，聽到這樣毫不客氣的批評，一定會大感不悅，從此對你產生敵意。這就是不諳人情世故所要承受的苦果。

日本有位國會議員，常對別人說：「我僅有小學畢業的學歷。」但是，他實際上卻擁有高學歷，他之所以貶低自己，無非是要給予別人在心理上產生平衡感，讓別人覺得輕鬆。

我們不妨利用這貶低自己的訣竅，來捧高對方的地位，達到感情投資的目標，如此，成功便離你不遠了。

與他人初次晤面時，在雙方互相不瞭解的情況下，彼此心中可能都會提高警覺，談話也總是不夠起勁，因此常會發生「嗯！嗯！」這種尷尬又不自在的附和式對話。

這時，不妨以自己的失敗經驗當作話題。即使是不擅高捧他人的人，也能因此達到貶低自己高捧他人的效果。

當你聽到對方說「我前天做了一件丟臉的事情」時，想必會浮現微笑，心情輕鬆地聽他繼續說下去。炫耀自己僅會引起別人的反感，而談及自己的失敗經驗，不但會增強對方的自尊心，更能因此打開對方的心扉，讓他坦然地接受你。所以，先貶低自己再與他人談話，實在是博得他人歡欣的聰明策略。

與陌生人說話把握分寸

與陌生人說話也是要講究內容的。那麼這些「內容」主要應該表現在哪些方面呢？一是說話要說重點，說不到重點，別人可能搞不清楚，理解不透，琢磨不出你的真實用意，你提出的想法或要求也不會爲人所接受，這樣一來非但事情辦不成，也會常常被人瞧不起，這樣又怎麼能換取別人的欣賞與善意呢？怎麼能贏得別人的友誼和尊重呢？二是話說得太過頭不行，要求太高，言辭太尖刻，讓人聽了不愉快，覺得你不識大體，不懂規矩，不知好歹，這樣的人常常令人敬而遠之，也同樣無法與人正常交往。

講究分寸是一種很重要的說話藝術，說話是否有分寸，對於我們辦事成敗有著很大的關係。

一、說話要注意自己的身份。

任何人在交談時，總是習慣以一定的身份向別人表達思想感情。要想使交流達到理想的效果，除了要有注意談話對象的身分之外，還要注意自己的身份。換言之就是說話要得體，言語形式的選擇要符合自己的身份，保持自我本色。比如：以下屬的身份向上司報告工作，當持敬重的態度，注意措辭要嚴謹，保持應有的禮節。與同輩親友交談，則以親切、自然爲宜，不需過於一本正經，否則便有故作姿態之嫌。說話不得體，不注意身份，聽的人總感到不是滋味，甚至引起反感，這就必然影響到交際的效果。

說話形式的選擇要符合自我角色及身份，要與稱謂、口吻相適合。在話語交際過程中首先代表身分的就是稱謂，其中分爲對人、對己兩種。在交際過程中，說話的語氣也能代表身分。

一位頗有影響的企業家，在與另一位企業廠長洽談業務時姍姍來遲。且一見面就一本正經地說：「我忙得不得了，只能撥出很少的時間接見你。」此話一出，舉座皆驚。對方廠長更不是滋味，一筆幾千萬元的生意，便一語告吹。

企業之間洽談生意，雙方的地位是均等的，姍姍來遲便是不禮貌，而「我實在忙得不得了」、「接見」等語氣，所傳達的潛在訊息則是：傲慢和盛氣凌人。

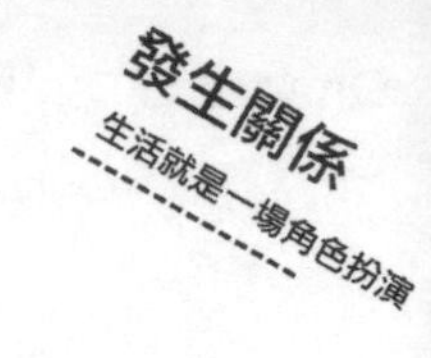

說話形式的選擇要與場合相呼應。言語交際必須注意符合當下時空的需求。不同的交際場合，有不同的言語表達，不可將言語表達的基本原則變成僵化不變的公式。

二、介紹自己要注意場合和目的。

自我介紹是社會交際的一種手段。由於交際的目的、要求不同，自我介紹的分寸也應有所區別。

在有些情況下，自我介紹的內容很簡單，只要講清楚姓名、身份、目的、要求即可。例如某建築公司的採購到鋼鐵廠買鋼材。他一進門，就對對方說：「您好！我是某某建築公司的採購，我要採購你們公司的圓鋼，希望你能幫忙。」說著掏出名片。

那位先生接過名片看一下，趕忙說：「您好，我叫麥克，是廠裡的業務員，咱們坐下來談談。」透過這樣簡單的自我介紹，打開了鋼材貿易的大門，洽談便有了一個良好的開端。

三、語言樸實，忌誇誇其談。

樸實無華的語言是真摯心靈的表達，是美好情感的展現。語言的樸素之美來自相互的處事態度，話如其人，言爲心聲。平時爲人處世質樸真誠，說話也就自然不會扭捏做作。古語說：「其行也正，其言也質。」意思就是以真誠的態度爲人，永遠是語言樸素之美的前提。語言的樸素之美貴在保持個性，該怎麼表達就怎麼表達，或嚴肅，或幽默，或直率，或調侃，或委婉，只要是發自內心，保持本色，就能展現美感。

有的人開口當然，閉口絕對，主觀武斷得驚人。這樣一來，別人根本無話可說。有人說，武斷是交談的毒藥，這話一點也沒錯。誰也不願和這樣的人多談幾句的。說話的遣詞用字，要根據實際來選擇，萬萬不能掉以輕心。把部分說成一切，把可能說成肯定，就會使自己陷入被動。

當然，強調語言的樸實無華不等於反對含蓄。說話的含蓄是一種藝術，把重要的、該說的部分故意隱藏起來，或說得不顯露，卻又能讓人家明白自己的意思，這就是所謂只需意會，不必言傳。

所以說，含蓄是說話的藝術，是因為它表現了說話者駕馭語言的技巧，而且也表現了對聽眾想像力和理解力的信任。如果說話者不相信聽眾豐富的想像力，把所有意思全盤托出，這種詞意淺陋，平淡無味的語言會使話語遜色，甚至使人生畏。

我們推崇的語言技巧是言有盡而意無窮。

扮演自己的你／妳

謹記原則：正直自信，保持最佳狀態

在許多成功者的身上，

我們都可以看到超凡的自信心帶來的巨大作用。

自信心就像能力的催化劑一樣，

它可以將人的一切潛能都發揮出來，

將各部分的功能推進到最佳狀態。

有了真正的自信，與人相處的時候就會左右逢源，

發展事業的途中才能無往不利。

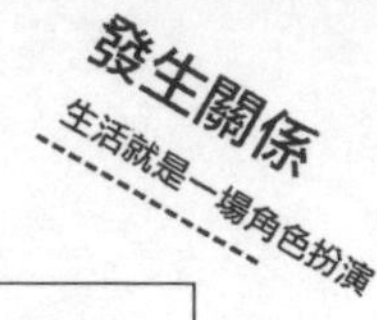

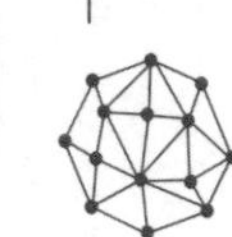

做一個正直的人

一位西方學者指出：要想成爲一個真正的成功者，必須擺脫投機的心理，注重自己的品格。

當美國著名的企業家曼迪諾在寫作《矢志不渝》這本書的時候，他僱用了普勞密斯先生把自己幾個小時的錄音整理成文字，這些錄音是曼迪諾要寫的那本書的內容大綱。謄寫工作必須按時完成，這對曼迪諾能夠在出版社要求期限之前交稿非常重要。普勞密斯先生看起來很有才能，他的工作速度驚人，實習成果很優秀，他承諾在兩個星期之後完成指派的任務。

一開始，他確實做的還不錯。但幾天之後，曼迪諾發現他的工作變得糟糕起來，在他整理的文章中有大量的排印錯誤，還落掉了好幾段文字。很明顯，他的工作已經不能像他所承諾的那樣完成了。每次曼迪諾去找這個傢伙，他總說工作已經完成了百分之九十，但是當曼迪諾第二天再去看工作進度時，仍舊還是停止在百分之九十。懷著徹底的失望，曼迪諾付了些錢把普勞密斯先生打發走了，然後又另外找了一個謄寫員。

一年過去了，曼迪諾得到了一份政府的合同，這個合同需要做大量的膽寫工作。按照和政府之間的協定，曼迪諾在當地的報紙上登了一個廣告，邀請專門膽寫合同的人來競標。普勞密斯先生打了個電話給曼迪諾，爲他過去的表現道歉，並且向曼迪諾保證這次他可以做得很好。當他問曼迪諾是否願意考慮他的時候，曼迪諾禮貌地拒絕了他。

一次不誠實，就足以摧毀一個人的聲譽，而要重建一份已經失去的聲譽卻相當困難。想在生活中愉快地與別人相處，成爲一個到處受歡迎的人，成爲一個有魅力的人，進而成爲一個真正的成功者，必須注重品德修養，嚴格約束自己的行爲，努力做一個正直、高尚、誠實守信的人。

在日常生活或商務活動中，大家判斷一個人大多是根據品格而不是根據知識，有的是根據心地而不是根據智力，有的是根據自制力、耐心和紀律而不是根據天賦。

塞繆爾・史邁爾斯指出：「儘管一個人的優秀品格聲譽增長很慢，但真實的品

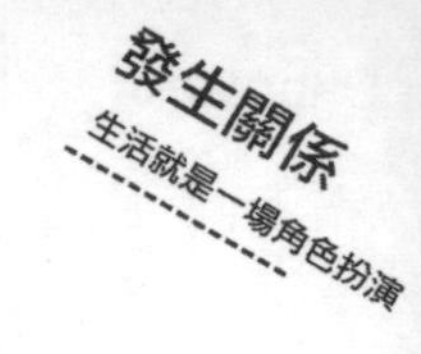

格是確實存在的。他們可能會被一些人曲解，被另一些人誤解；在一段時間內，不幸和苦難可能會籠罩他們的生活，但是透過耐心的等待和忍耐，他們最終會贏得本應該得到的尊重和信任。」

當然，不經過一番努力，最好的品格是不會自動形成的。它需要經過不斷的自我審視、自我約束、自我節制的訓練。在這過程中，可能會有許多的躊躇、羈絆和暫時性的失敗；有許多困難和誘惑要抵制和克服。只要意志堅強並且心地正直，最終會取得成功的。正是這種不斷進步的決心，力圖超越現有品格水準的精神，使人感到振奮，令人心曠神怡。即使我們達不到預期的目標，在前進的路途中，我們每一次誠實的努力都會得到回報，品格也隨之得到昇華。

養成講信用的習慣

天下沒有一種廣告比誠實不欺、言行可靠的美譽更能取得他人的信任和好感。一個人只要講信用，就會有威信，說話就有人聽，有人信。當他有困難的時候，人們總會跑來幫助他；反之，一個人若總是騙人，總不講信用，那麼人緣就會很差，說話的份量也會大打折扣，就算他說的是真話，人們也總以懷疑的態度來對待，而當他處於危急、需要救援時，人們也會採取冷漠態度對待他。

那麼，人應該怎樣才能做到講信用呢？

一、要多一點責任感。

有的人爲什麼說話很隨便？就是因爲缺乏社會責任感，不會設身處地爲他人著想。比如，答應了他人三點鐘約會，四點多了卻還沒出現，一點都不考慮對方可能有多麼的焦急，也不考慮浪費他人的時間，甚至還認爲是「小事一樁」，無所謂。這就是沒有責任感的表現。一定要記住——人是一個社會的人，任何社會活動都應該表現出一種對他人、對集體、對社會的責任。爲什麼做人做事一定要言必信，行必果？因爲只有這樣，人才能有所進步。因此要做到講信用，就必須培養做人的責任感。

二、自己對他人做出的承諾要三思而後行，要考慮可行性。

許多諾言是否兌現得了，不只取決於主觀的努力，還有客觀條件的因素。有些原本照正常的情況是可以辦到的事，後來因爲客觀條件起了變化，一時辦不到，這是常有的事。因此我們在工作中，不要輕率許諾，許諾時不要斬釘截鐵地拍胸脯，應留下一定的餘地。有些人口頭上對任何事都「沒問題」、「一句話」、「包在我身上」，一口承諾。可是，嘴上承諾，腦中遺忘，或腦中雖未遺忘，但不盡力，辦到了就吹噓，辦不到就噤若寒蟬。這種把承諾視作兒戲，是對朋友不負責的行爲，非常要不得，遲早會被人所拋棄。

一旦許下諾言，就一定要努力實現，即使要付出一定的代價。如果的確是非你之所能爲的，就一定要放下面子，及時誠懇地向對方說明實際情況，請求對方諒解。如果真的做到了這一點，相信絕大多數人都會願意理解的。

三、要避免受功利的誘惑。

狡詐、欺騙他人就是不講信用，而受功利的誘惑則是導致狡詐、欺騙行爲的主要因素。爲此，做人一定要注意自己的行爲不受功利誘惑，不要太現實，不要因蠅頭小利去算計他人，眼光要放遠一點，只有這樣才能變得誠實，才能談得上「信義」二字。

如果你在人行道上發現一個裝滿現鈔的皮夾，你會怎麼辦呢？各式各樣的回答，令人大吃一驚。

「先看皮夾裡有多少錢。」

「把它保存起來，如果沒人認領，就把那些錢花光。」

「把錢留下來，皮夾寄回給失主。」

我們認爲，若在人行道上發現一個裝滿現鈔的皮夾，應根據裡面的證件與失主聯絡，然後原封不動地把皮夾送回。除了一聲「謝謝你」外，不應接受任何酬勞。試想，如果丟掉皮夾的是自己，難道不希望撿到的人這樣做嗎？若想在人際關係中找到誠實，我們自己就必須先展現誠實。

四、要從小事做起，將守信用、講信義培養成一種習慣。

很多青年人都沒有注意到，越是細小的事情，越容易讓人留下深刻的印象。比如：向別人借錢後，到了約定日子仍無法還錢，你隨口說過幾天再還吧。對方如果稍有判斷力，一定可以看出你是怎樣的一個人，是否值得信任。

你也許會這樣想：過期幾天有什麼關係呢？反正他不是很有錢嗎？但是，反過來想一想，這樣一來你本身的信用會受到多大的損害啊！

又有不少年輕人平日爲人的確很誠實可靠，但卻有一個毛病，就是對任何事情都太馬虎，這樣便容易在不知不覺中使自己的信用沈淪。如果用這樣的方式做生意，那麼他的信用將最終會喪失。

守不守信用，講不講信義，是一個人是否具備良好品德的基礎，這必須在生活實踐中慢慢形成。百尺之台，始於壘土。爲此，一定要注意從小事做起，從一點一滴做起。若一個人從小就養成一撒謊騙人內心就會感到恥辱、不安、難爲情的感覺，他就會成爲一個守信用、講信義的人。

成人之美，為人提供方便

英國博物學家達爾文，在一八三九年就已經發展了進化論的觀點，並陸續寫成手稿，但他沒有急於付印發表，而是繼續驗證資料，補充論據。

這個過程，長達二十年。

一八五八年夏初，正當達爾文準備發表研究成果時，突然收到在馬來群島從事考察研究的英國博物學家華萊士所寫的論文，題爲《記變種無限地離開其原始模式的傾向》，其內容跟達爾文正準備付印的研究成果一樣。

這是關係到進化論創始人是誰的重大問題。而達爾文卻準備放棄自己的研究成果，把首創權全部歸華萊士。他在給英國自然科學家賴爾博士的信中說：「我寧願將我的全書付之一炬，也不願華萊士或其他人認爲我達爾文待人接物太過市儈。」

深知達爾文研究工作的賴爾堅決不同意達爾文這樣做。在他的堅持和勸說下，達爾文才同意把自己的原稿提綱和華萊士的論文一齊送到「林奈學會」，同時宣讀。

華萊士這才得知達爾文先於他二十年就有了這項科學發現，他感慨地說：「達爾

文是一個耐心的、下苦功的研究者，勤勤懇懇地收集證據，以證明他發現的真理。」他宣佈：「這項發現本應該單獨歸功於達爾文，由於偶然的幸運我才榮膺了一席。」

正是達爾文善於成人之美的行爲，換來了華萊士對達爾文的莫大尊敬。

在平時的生活和工作中，稍加留心就可以做到成人之美。成人之美其實是一種高超的交友和主管藝術。當你滿足了別人的願望之後，別人就會感激你，就像受了你的恩惠一樣，並且有知恩圖報的想法（當然你的成人之美，不能只爲了回報）。很多有經驗的主管就是用這種方式來凝聚人心、管理員工的。當你爲別人提供了方便，使別人得到滿足，反過來別人也會設法爲你提供方便。樂於成人之美的人，總能得到別人的幫助和配合。所以成就別人也等於成就自己，推薦別人也等於推薦自己，稱讚別人也等於稱讚自己。

要做到樂於成人之美也不是一件易事。因爲每個人都有取得成功的願望，面對成功，很多人自然而然會首先想到自己，在競爭激烈的情況下甚至難免勾心鬥角，打擊壓制，以此來成就自己。但往往越是如此，結果越是爲自己設置了障礙。而聰明人的作法，總是在幫助別人、成人之美的同時，無意識地爲自己營造了一個良好的環境，只要機會一來，他的成功將是驚人的。

那麼，怎樣才能做到成人之美呢？

首先要學會，重視別人雖不一定要做到認爲每個人都比自己重要，但至少要認爲別人和自己一樣重要。最有影響力的人往往是那些尊重別人的人。

其次是要有一種爲別人的成功而高興，爲別人的成就而高興的心理。只有試著去欣賞別人的成功，去欣賞別人的快樂，你才會願意成人之美。在欣賞別人成功的同時，能感受到其中有自己的一份功勞，那種高興會更加實在。

其實，很多「成人之美」不一定是指把幾萬元的獎金讓給別人，把出國的機會讓給別人，更多的是表現在生活小事上。其實，只要在生活中學會把自己的利益和需求適度地看淡一些，經常地認可別人，稱讚別人，欣賞別人，就是最好的成人之美。

戒除吝嗇貪婪

英國哲學家羅素先生指出：「對財產先入爲主的觀念，比其他任何事都更加阻礙人們過自由而高尚的生活。」這就是說一定要摒棄吝嗇的不良習慣。

何謂吝嗇？簡單地說，就是小氣，是某些人對待金錢、財物的特殊態度。因爲它特殊，所以就有與一般人不同的特徵。

凡吝嗇的人都是金錢的奴隸，而不是主人。對這類人來說，唯有金錢、財物才是最爲重要的。爲錢而錢，爲財而財，斂錢斂財是這類人的最大嗜好，也是他們人生的最大目的。他們的生活公式是：賺錢、存錢、再賺錢、再存錢……他們的最大樂趣是數錢：今天比昨天多了多少，明天比今天還會多多少。他們的哲學是：多了還要多，永遠不會有滿足的時候。

凡吝嗇貪夢的人，一般都不懂人與人之間的感情。他們不懂得親情，不懂得友誼，不懂得同事間的感情。若是懂的話，也是以金錢的標準去衡量。一般的處世原則是，認錢不認人。即使是家人，朋友，也始終毫不含糊，帳總是算得清清楚楚，爲了金錢，有的甚至達到了六親不認的程度。

凡吝嗇貪夢的人一般都是自私而貪婪的。這類人嫌自己發財速度太慢、效率太低，總想不勞而獲或者少勞多獲，因而挖空心思不擇手段地算計他人、算計公司、算計社會。一般的情況是：在吝嗇者口袋裡的金錢，或多或少都帶有不潔的成份，廉恥、天良、真理，都會沉溺在吝嗇者的貪婪之中。

人不光需要財富，更離不開親情和愛。人是感情的動物，小氣冷漠只會割斷親情，使自己成為孤家寡人。贍養老人、養育子女、夫妻恩愛都是人之常情，吝嗇會失掉許多人類最美好的東西。有的人總是對自己曾經缺少關愛的童年耿耿於懷，其實越是曾經失去的，才越應透過施予而找回。

吝嗇貪婪者金錢、財富都不缺，然而其靈魂、精神卻正在日趨貧窮。

吝嗇果真能為吝嗇者帶來愉快嗎？不能。其實吝嗇者的生活是最不安寧的，他們整天忙著的是掙錢，最擔心的是丟錢，唯恐盜賊將他的金錢全部偷走，唯恐一場大火將其財產全部吞噬，唯恐自己的親人將它全部揮霍掉，因而整天提心吊膽，坐立不安，永遠不會愉快。

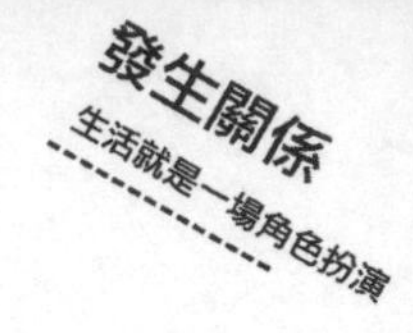

吝嗇者果真能給人帶來幸福?不能。因爲小氣，因爲心胸狹窄，所以在這類人身上很少表現親情二字，其內心世界是極其孤獨的。只有當他們有難的時候(譬如在病中)，才會感到缺少感情支持的悲傷，才會發現因爲吝嗇而失去的東西實在太多，事以致此，才充分感覺到金錢真正無能。

正確認識自我

大多數的成功者表現出一種現實的自我覺察，承認每個人都是與其他人有著明顯區別的個體。他們能覺察到周圍事物的細微變化，更能覺察到遺傳和環境替自己造成的缺陷，可以借助於鏡子看到自己眼睛後面的東西，用別人的眼光去看待自己。

成功者有著非凡的能力去認識他們自己與周圍環境的關係，去認識每天影響著自己生活的人和事。懂得適應是他們獲得成功的鑰匙。

現實的自我覺察能使我們瞭解自己是什麼樣的人，瞭解自己在生活現實中所扮演的角色、潛在能力，和將來要去承擔的角色及要達到的目標。他們從經驗中，或憑藉著洞察力、反饋訊息、判斷能力去不斷學習，加深對自己的瞭解。他們在生活中不是單靠出力氣做事，而是時常動腦筋，糾正不足，避免發生錯誤。他們習慣以最誠實的方式鑒別一切，他們不欺騙別人，也不欺騙自己。

一個正常人，對自己做人的形象，從身體外觀、品德和才能、優點和缺點、特長和不足、過去和現狀，以至自己的價值和責任，總會有一定的認識。然而，這些對自

己的認識，是否符合自我本來面目和實際情況，各人就會出現許多差異。有些人容易看到自己的優點和長處，而看不到自己的缺點和錯誤；有些人看到自己很多問題，但卻看不到自己的主要問題；也有些人看到自己的弱點和不足，卻看不到自己的長處。可見人對自己的認識，也和自己對客觀世界的認識一樣，是需要瞭解和學習的過程，並不像照鏡子那樣簡單。「當事者迷」也就成了一句發人深省的警句。

另外，在日常生活中，我們也常處於各種不同評價和議論的包圍之中，有人會讚許你、稱頌你；有人會批評你、責備你；甚至還有人輕視你。那麼在各種議論中，究竟哪一個你是真實的呢？在形形色色投向你的目光中，你能否準確無誤地分辨呢？從這些評價和議論中，你是否吸取有益的營養，來豐富自己、改善自己了呢？還是喪失了自主精神，淹沒在他人的議論中？

客觀、透明、正確地認識自己，是至關重要的。下面幾點建議有助於你發現和正確認識自己。

一、孤獨地面對自己。

Life is a journey of playing roles

許多現代人總是陷於無盡無窮的日常事務和人際關係中，不能自拔。這使我們根本無暇瞭解自己內心的需要，不知道這一切到底是不是我們內心的真實狀態。在人際交往中，待人接客時你表現得熱情周到，爽朗大方，樂此不疲，而內心深處也許你更想獨自一人，看書繪畫……在紛繁複雜的高速運轉中，我們沒有時間也沒有機會給內心的真我一個表現的機會。那麼，你不妨讓自己放個假，讓自己引退，孤獨地只面對自己，沒有老闆、沒有工作、沒有應酬，仔細觀照自己的狀態。

二、試著改變某些習慣。

每個人都有很多好的和不好的習慣，這些習慣說不定正是掩飾你真實個性的罪魁禍首。比如你可能經常呆在家裡看電視，以打發剩餘時間；你可能習慣於用打牌的方法排遣孤獨；憂悶之時你可能習慣把自己獨自關在家裡等等，這些習慣很多並不是你當下的最佳選擇，而僅僅是習慣。如果你想好好發掘自己的個性，不妨打破這些習慣，發展更多的愛好。如果你減少看電視的時間，改成看書，也許你會發現自己並不需要激情刺激，而更喜歡冷靜的思維。如果你把打麻將換成散步，也許你會發現閒適的寧靜，才是你的真實個性。

衝破習慣的牢籠，你會發現心中另一個自我的存在。

三、不過分壓抑自己。

人生不如意事十有八九，生活在現代社會的人也一定有很多不如意的地方。在不如意的時候，不過分壓抑自己，有時也有助於發現你的個性。

比如，我們有可能在憤怒至極的時候，一改平日溫順屈從的性格，與老闆大吵一場，並因此對自己的行爲極爲滿意，那麼你會發現，溫順並不是你真實的個性，其實你具有極爲強烈的抗爭能力和戰鬥精神，並且相當有魄力。如果能時時保持這種狀態，你將一改溫順屈從的個性，而成爲一個強韌、有魄力的人。並且在這種狀態下，你活得更加愉快坦然。

個性是需要去發現及發展的，人本就具有非常豐富的個性基因，我們要盡可能地挖掘它、發展它、豐富它，使自己成爲一個個性豐富、魅力四射的人。

安心享受生活

大家都知道，每一片雪花都是獨一無二的，沒有任何兩朵雪花長得一樣。我們的指紋、聲音和DNA也是如此。因此可以肯定，每一個人都是獨一無二的個體。然而，儘管歷史上從來沒有與我們一樣的人存在過，但我們還是習慣於拿自己與別人相比，以他們作爲標準來衡量自己的成功。比如在報紙上讀到某人取得了偉大的成就，然後很快發現他們的年歲較長，因此而得到一點暫時的安慰：我們也還是有可能取得同樣的成功的。

但是，把自己與別人相比是毫無意義的，因爲你根本不知道別人在生活中的目標與動力，以及別人獨一無二的能力。別人有別人的長處，你有你的天份。我們常常認爲天份指的是音樂、藝術或智力方面的天賦。其實並非侷限如此，實際上人人都有奇妙的、被忽視的天份，諸如激情、耐力、幽默、善解人意、善於交際等等，這些都是可以幫助我們取得成功強而有力的工具。

不斷地拿自己與別人相比，只能使你對自我形象、自信以及你取得成功的能力產

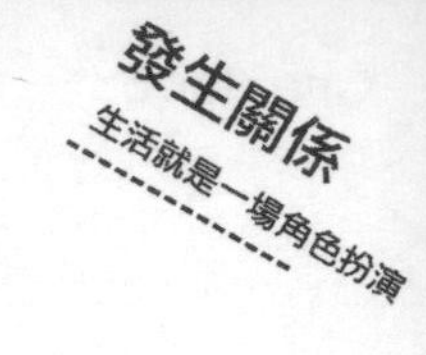

生負面影響。你應該向一個人請教自己的能力是否得到了充分開發——這個人就是你自己。心理學家指出：我們對自己的認知、定位以及將要實現的目標，決定著我們在這個世界上獨特的位置。

科學家認爲人百分之五十的個性與能力來自基因的遺傳，這意味著另外的百分之五十不取決於遺傳，而取決於培養與學習。如果能夠做到這一點，你最希望的變化是什麼？當然我們必須承認，有些事情無論多麼積極思考也無法改變，比如身高、眼睛、膚色等等，但我們可以改變對它們的看法。

換句話說，只要你認定了自己的獨特之處，就能塑造出你獨一無二的形象。如果你有一個清晰的自我形象，就不會替自己貼上標籤。不要被你所做的工作、所住的房子、所開的汽車或是所穿的衣服限制住，你不是這些東西的總和，成功者相信的是自己，他們取得成功的潛力不依賴於地位或身份，而依賴於他們對自身的信心，對自己的愛。

《愛的能力》一書的作者艾倫·弗羅姆認爲自愛是一種最基本的愛。生活中的許多煩惱都源於盲目和別人攀比，而忘了享受自己的生活。許多時候，我們感到不滿足和失落，僅僅是因為覺得別人比我們幸運！如果能夠安心享受自己的生活，不和別人比較，就會減少許多無謂的煩惱。

記住：我們都是因爲愛而被創造、爲了愛人而被創造的，這種創造是免費而無償的。要接受賦予我們的東西，首先要接受現實的自己。我們必須學會接受在別人身上發現的東西，也要學會接受在自己身上發現的東西。

全面接受自己是很重要的，因爲這樣可使你更安心地對待自己，更具同情心。一位哲人指出：「我堅持我的不完美，它是我生命的真實本質。熱愛自己是終生浪漫的開端。」

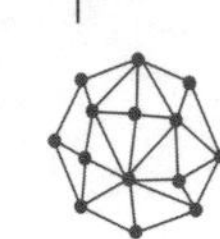

正確規劃人生

不管是誰，都想出人頭地成就一番事業，期望在工作和其他領域取得成功。真正的成功就是主動地去發揮自己所擁有的全部能力。更具體些說，成功意味著將自己的天分與潛在的能力發揮出來，以實現自己的人生目標。

然而，成功與否的決定因素是精神上的準備，這種精神準備不是父母所賜，也非重金可買，而是加強鍛鍊自身心理狀態的結果。人生在世，面對各種問題，應該學會培養正確的思維方式。

一、強烈的自我動機。

動機來自於自身的鼓舞和行動激發，即根據自己的想法、需要、感情或心理狀態，主動地促成自己的行動。可以說沒有成功的願望，就沒有成功的行爲。

成功者總能自我培育強烈而積極的動機。他們能自己選定目標，向想要發揮作用的方向努力，很少灰心喪氣。即使有時出現失望、沮喪的情緒，他們也能夠從自身內部湧出力量，稍許徘徊之後就又能繼續朝向自我實現的目標邁進。

成功者積極的自我動機有兩個來源：第一，個人和現實的自我期望。第二，無論恐懼還是願望，都是最高的刺激劑，當恐懼和願望同在心中時，恐懼是有破壞性的，而願望則引導你實現目標，取得成功，得到幸福。他們將注意力集中於成功的報酬，並積極地跳出畏懼和失敗的糾纏。一個成功者總是說：「我想……」、「我能！」

二、熾熱的自我期望。

期望就是對未來的事物或人的前途有所希望和等待。成功者期望成功，他們把生活看作一場非常真實的競爭，而不僅僅是簡單的冒險。他們期望成功，更懷有想要成功的慾望，懂得成功要自己去創造，並且擁有會成功的信念。

生活中的成功者，相信自己的直覺，永遠保持著努力向上的念頭，期望一份較好的工作，保持健康的身體，並且確信收入能不斷的增加，熱情的友誼和新的成功會不斷到來。成功者總是把問題視爲向自我能力和決心挑戰的機會。人生本來就應爲實現自己的預言而存在；人所能獲得的，都是他曾想像描繪的東西。成功者總是豪情滿

懷：「今天做得不錯，明天肯定好！」只要活著，就應經常嚮往最美好的前景，並在心裡刻畫它、想像它。這樣不僅能在精神上，連肉體上也都做好了迎接成功的準備。

三、明確的自我調節。

生活中的成功者，信奉現實的自我調節，設計生活中的目標。他們有著合理的生活計劃、總體的目標和明確的任務，他們每一天的工作進度都明確標示。他們日復一日地努力著，決心要達到目標，得到想得到的一切。在邁向成功的道路上，他們懂得指揮自己。

曾有人巧妙地把人比喻爲一條船。在人生的海洋中，很多人就像無舵船，他們總是幻想著「什麼時候能漂到一個富裕繁榮的港灣」。對風浪海潮的起伏變化，他們束手無策，只有任其擺佈，聽其漂流，結局大多是觸礁或擱淺。但那些成功者，他們把時間都用在實施計劃、確定目標和航向上，研究出最佳航線，學習了航海技巧揚帆遠航，從此岸到彼岸，有計劃地行進。而那些無舵船一輩子航行的距離，他們只要兩三年就達到了。

成功者的自我調節，秘密在於建立起一個清楚、明確的行動計劃和目標，並經常思考與調整，在完成計劃和達到目標中贏得成功。

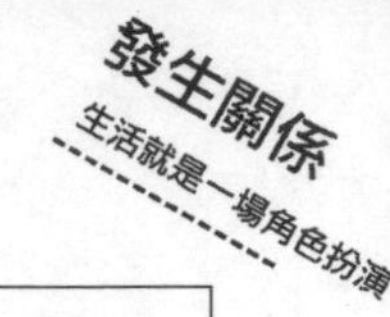

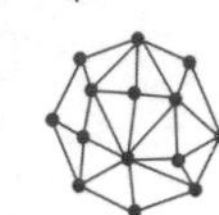

替自己的發展下定位

當今社會，人們比以往有更多的機會從爲數眾多的可能性中選擇職業。職業選擇是一種決策過程，是將個人特點與工作需求相匹配的過程。就像世上沒有完全相同的兩片樹葉一樣，世上也沒有完全相同的兩個人。每個人都具有獨特且與眾不同的心理特點，也總存在著一些更適於他做的工作。

我們不贊成兩種極端的觀點。一種極端的觀點認爲：每個人都可能在任何工作上獲得成功，每種工作都可能由任何人做好。這種觀點是站不住的。比如一個色盲可能就很難勝任畫家的工作；許多人由於自身生理、心理特點的局限，無法成爲一名高速戰鬥機的駕駛員。另一種極端的觀點認爲：對於每一類人來說，都存在著一種最佳職業；對於每一種工作來說，都存在著一類最佳人選。這種觀點也是錯誤的。事實上對於具有某種生理、心理特點的人來說，他都可能在若干職業上獲得成功。這些職業對人的生理心理特點有著相似的要求。例如，對於一個思維敏捷、善於言談、性格外向、喜好與人交往、有感染力的人來說，他既可能在政治領域中獲得成功，成爲一位出色的政治家，也可能在經濟領域中獲得成功，成為一位有名的企業家。某一種特定職業，也可能由具有很不相同的生理心理特點的人來完成。例如，一個成功的軍事家，既可能像蘇沃洛夫那樣具有暴躁、外向的性格，也可能像庫圖佐夫那樣具有穩重、內向的性格。

我們認為，只有很少的人能夠在很多工作上得到滿足，獲得成功；只有很少的工作（如馬路清掃工作）是很多人都可以勝任的。即使是馬路清掃工作這種大多數人都可以勝任的工作，也並不能給所有的人（甚至不能給多數人）帶來滿足感。對於大多數人來說，總有一些工作更適合他的特點；對於大多數工作來說，也總有一些更適於承擔之人。為了獲得職業上的成功，為了生活得更好，人們有必要準確地認識自己的心理特點，更瞭解自己的長處和短處。

在考慮職業選擇時，能力傾向是一個重要的因素。由於每個人的能力傾向不同，一個人在某些職業領域上如果遇到較大的困難，他完全可能在另一些職業領域上獲得很大的成功。因此，瞭解自己的能力傾向，對於職業選擇來說就非常重要。

保持自己的獨立性

現今社會中，做一個隨波逐流的人，比依照自己的鼓聲節奏前進的人容易得多。想做到無論何時都能夠把握住自我，不管大家現在都做些什麼，也不管目前正好流行什麼，是需要相當的自信與獨立的。

勞夫・瓦多・愛默生在一篇談自信的文章中曾經寫道：「要成為一名頂天立地的男子漢，就必須不隨波逐流。」當然，許多人通常都會需要，也很歡迎別人在他需要的時候伸出援手。在你邁向成功的路上，不要拒絕別人的幫助，但要記住，長遠來看，你依然是自己那艘船的船長，掌舵的人是你，而這艘船所行駛的方向，也是你要去的地方——你必須是發號施令的人。畢竟，你未必喜歡他人的目的地。同樣的，你也絕對不能隨著他人的節奏，因為你未必喜歡他人的音樂。你必須信任你的直覺，認真去感覺什麼是對的，什麼是錯的。當初哥倫布的船員都力促他返航，但他不為所動，只管繼續他的航程。你必須學著培養「獨立自主」的能力，它與自信非常相似，但不全然相同；它與狂熱也相近，而狂熱正是獨立自主的持續動力。

在你一路邁向成功時，很多時候你環顧四周，就會發現自己竟是如此孤獨，就像人們所形容的：「高處不勝寒」。你可能突然想到：「我要依靠誰？我要與誰同行？誰會領著我走過艱辛的一程又一程！」

答案只能是：你自己。現在你一個人正步履蹣跚地朝著目標前進，而你所依恃的正是那種獨立自主的能力。所以不要「人云亦云」！拒絕「一窩蜂」！要不斷努力去做你認爲是對的事，那些在你內心裡相信應該去做的事。

即使你發現自己是如此的孤獨，如此的與眾不同，你仍然應該爲所當爲。別人可能會要你向大家看齊，但想想看，如果大家都像是一個模子裡刻出來的，那這個世界會是多麼單調乏味。畢竟在這個世界上，沒有兩個人的指紋是相同的，也沒有哪兩個人的聲波是相同的，就連雪花也片片不同。

你所要遵守的規則就是：當你獨自在事業以及生活的領域裡站穩腳跟時，要確定你不會阻礙別人擁有相同的權利。讓他們也保有他們的立足點，同時如果有必要，要讓他們協助你保有你自己的立足點。

除了你自己之外，絕對沒有一個人對你的命運擁有最後的決定權。

你敬重父母、朋友，但是你最親密的朋友是你自己。你要先和自己做朋友，要先敬重自己；在博得別人好感之前，先獲得自己好感，你擁有的最大財富是你的心——對自己的好印象；不管是誰，都不能把它奪走。假如有人這樣做，那是他固執己見，想要讓你過他的生活，而不是你自己的生活。

當然，你可以聆聽父母、朋友的忠告，可是在最後關頭，要自己決定想做什麼。只要你想做的，是在一己能力、知識範圍之內，只要你想做的不會損害他人，那麼，積極地向你的目標邁進，不要讓任何人改變你的航向；因爲你必須相信你的目標，你必須到達你的目的地。

你的目標和父母、朋友的目標是不相同的，你必須要做你覺得非做不可的事，那是你應該行使的權力。換句話說，要讓自信幫助你。要選擇自己的事業，因爲你相信它的發展。千萬不要選擇適應別人的事業，那是失敗和苦惱的開端。尊重他人堅守的原則，也就是尊重自己堅守的原則：你，才是自己命運的主宰。

培養健康、積極的自尊

你的父母、你所處的環境、你周圍的人、你生活中的事件，都會對你如何看待自己產生很大的影響。然而，最終不管什麼事件和環境，都不能決定你所把持的自我形象。人的自我形像是由自身的內部因素所定義，而不是由外界發生的事情來決定的。積極的自我形象會賦予你一種願意面對路上一切障礙的性格。有了健康積極的自尊，你就會懷著信心、希望和勇氣，來面對令人沮喪、氣餒的境遇。

那麼，怎樣才能樹立健康、積極的自尊呢？或許，下面的一些建議會對你有所幫助：

一、完全無條件地接受你自己，現在就開始！

這時候不該再去探討你是怎樣被塑造成現在這個樣子的問題，而是你該如何對待當下的自己。老是爲了對自己不滿意的地方，去責怪父母、怪社會不公、怪自己身體和智力的缺陷，或者怪任何方面，都於事無補。真正的問題是：你是誰？你該怎樣對

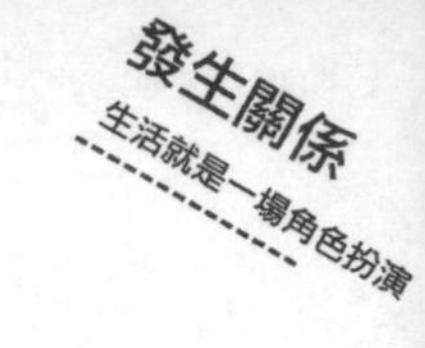

待自己？首先就是要趕快建立起健康的自尊心。接受自己，然後繼續努力！

二、不要過分貶低自己。

你特別不喜歡別人貶低你，是不是？你尤其不喜歡別人那些虛假的，或者在某種程度上是真實的消極評論，對不對？然而，一個破壞性的自我貶低，對你可能造成的傷害，卻遠遠大於別人對你的批評！那些總是說自己缺點的人，到後來會真的相信自己有這麼多的缺點。一旦他們相信自己，行動就會開始處處受到自己的想法所限制，然後真的變成他們自己所說的那類一無是處的人。

若是反過來，當一個人擁有積極思維並且在內心裡給予自己這樣的評價時，他們就會開始相信自己真的擁有這些優點，就會變成他們自己所認定的那種，令人興奮的人。積極的評價——你對自己的讚揚，能夠讓你建立起自尊。

當然你不能忽略別人對你所有的批評。要學會區分外界對你的評價是破壞性的還是建設性的。要正確地對待別人的批評，積極改正不足的地方。

最重要的一點是：不要養成以不適當的批評來貶低自己的習慣，要養成一種欣賞自己優點的習慣。久而久之，你就會發現你更加喜歡自己了。

三、修正那些你不喜歡、但能夠改變的行為。

列出你不喜歡自己的地方，內容可多可少，但一定要做到誠實。在你認爲能改正的地方打個記號。寫兩個短評：一個是接受聲明，表示接受你不喜歡但不能改變的地方；第二個是保證書，保證改變你所有能改變的地方。接下來就是要去改變它們。此外，還要努力剔除以下可能存在的不良習性：

去除所有的狹隘和復仇情緒！這些傾向就好像是花園裡的雜草：你不必去考慮它們究竟來自何處，或者它們是怎麼滋生的，只需將它們連根拔起，除掉它們就行了。經常要想一下，某些事情是否值得心煩。有人曾問十九世紀的英國首相迪斯雷利：爲什麼他會讓一個對他批評最苛刻的人擔任高職？

他回答說：「我從不把我的心思放在要報復別人上。」同樣，亞．林肯的哲學是：「我從不讓任何人將我的靈魂降到仇恨的水平上。」忌恨就像是毒瘤，只有靠折磨你，它們才會生存、生長。

向不誠實宣戰！那些有自卑傾向的人，會用謊言和欺騙來支撐自己的形象。但謊言和欺騙卻產生了相反的效果：他們更加降低了自己的自尊，不管他們發現沒有！謊言和欺騙是掠奪自尊的惡劣習性。而正直會賦予你高度的自尊，會爲你贏得更多的朋友。

讓習慣促成你的成功，而不是阻礙你！習慣無非就是一種成爲必然的行動。某件事做得足夠多，就會變成習慣。我們能夠像選擇食物一樣選擇習慣，正如我們身體的營養狀況取決於我們對食物的選擇一樣，我們的思想和情感，是受我們所養成的習慣所影響。

用行動來增強自信

爲使夢想能逐步實現，消除來自別人的消極影響，你所能採取的最重要步驟就是增強自己的信念，我們可以採取一些具體的行動來加強信念。

一、目標確定之後，立即行動。

你也許會懷疑採取行動和加強信念之間的聯繫。其實，你的行動反映了你的信念，而且正是那些你所做的事情，表明了你的信仰。哪怕僅僅是採取微小的步驟，也是在與你自己和外部世界溝通，這表明你已經相信自己，還有你的夢想了。

在開始的時候，你或許感覺到自己不是很勇敢，也不是很自信。然而，只要連續不斷地努力，你將會漸漸變得自信，它將直入你的靈魂深處，每次行動也會增加你的自尊心和自信心。你再也不會坐著、等著，渴望奇蹟發生，你本身就是奇蹟的創造者，隨著自尊心的增強，你就會意識到夢想是可能實現的。

拿破倫・希爾指出：「如果人們能夠看到自己成爲想像中期望成爲的人，並以

那個人的方式做事。很快他們就不會僅僅是個扮演者，而將會真正成爲他們心目中理想的人。如果你想出類拔萃，那麼向全世界表明你相信自己，自信地去做事，堅信自己的所作所爲。」

二、客觀評價自己的能力，挖掘未被開發的潛力。

心理學家指出：「普通人只開發了他們潛在智能的其中一部分。」也就是說，我們並沒有運用到全部的能力，我們內心還有巨大的潛力尚未被開發出來，我們還可以做更多的事情，成爲更成功的人——認識到這一點非常重要。

三、把注意力集中在那些可能性上。

你曾因一些消極的想法而感到煩惱嗎？就像「是的，但是，但是……」關鍵在於，從一開始產生這些想法起，你就要摒棄它們。只要你一直在思考某一件事情，你就能夠成就那件事。如果你持續不斷地將注意力集中在要實現的目標多麼艱難，那麼你就永遠不會實現它。

你可以把注意力集中在積極的可能性上，以此來克服消極的想法。你是否曾經設想過一個具有挑戰性的目標，然後又對自己說：「我怎麼會想這樣的目標去呢？它的規模太大了，要實現它簡直是太困難了，這是不可能的！我在想些什麼呀？」

這些聽起來是不是非常熟悉？也許大多數人都不止一次地和這種自我對話辯論過。爲了改變這種狀況，當這些想法產生時，就要立即將這些想法替換爲下面這種對話：「我知道我的目標是可以實現的，因爲其他人在此之前就已經做過。我下定決心要讓它得以實現，我願意做必要的一切來實現我內心的想法。」

你感覺到這兩種想法的不同了嗎？如果你長時間徘徊在第一種想法上，你就有麻煩了。如果採用第二種思維方式就能立即改變思路，進入一個充滿可能性的新世界。當你的心智處於積極狀態時，你將會問 些更有意義的問題：「我怎樣做才能實現目標？誰將願意幫助我？有沒有其他的途徑可以達到期望的目標呢？」

四、消除恐懼、鼓起勇氣。

恐懼是在面對改變時的自然反應。或許它也是人們在開始做任何新事情前猶豫不

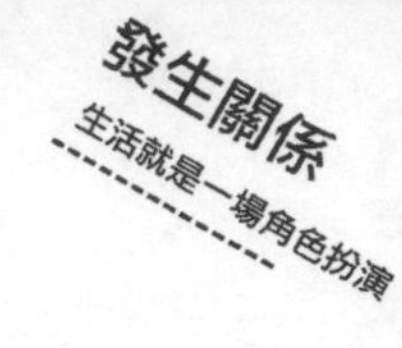

決的首要原因，因此人們總是傾向選擇原來的生活模式——安全、舒適和熟悉的環境。每個人在開拓新領域時都會產生恐懼心理，能夠認識到這一點非常重要。因爲恐懼是所有人的自然生理反應，它使我們意識到我們要準備應付，或是該準備逃避某些事情了。然而，成功的人和不成功的人對待恐懼是有所差別的，差別就在於對待恐懼的態度。成功的人承認恐懼，並努力找出產生恐懼的原因，以此決定他們該如何爲前進道路上將要面臨的挑戰做出準備。他們決定採取一定的行動，使自己盡量感到充滿競爭力和信心。

所以，不要讓恐懼使你留下遺憾。承認恐懼，做好充分的準備，然後採取行動克服它。

五、預見成功。

想像事情將來會是什麼樣子，並且不僅僅是思考而已，還要積極地認識它。這種想像的過程定向之後，就是「預見」。在你想成就的事業實現之前預見它，這是眾多成功者最強有力的策略。他們運用預見的景象點燃熱情、明確目標、增強信念。

要產生這樣清晰而強烈的景象，你需要充分發揮豐富的想像力。同樣的，當你在朝向某個目標努力時，你必需完全按照想像和期望的那樣，盡可能預見實現它的每一個細節和情景。你必需將自己的預見變得如此強烈，以至於當你真正實現自己的目標後，會有這樣一種似曾相識的感覺——「難道我以前沒有經歷過此事？」是的，你在想像中已經歷過千萬遍了，而每想像一次，這種經歷就向真實靠近了一步。

六、練習不斷肯定自己。

心理學家指出，在潛意識裡重複正面的肯定，是培養信念極好的辦法。當你不斷向自己重複一個肯定後，最後你會開始相信它。

七、發現相信和支持你的人。

當面對挑戰的時候，即使你一直能夠得到外界積極的支持，也很難始終保持積極的態度。而當你將夢想與消極的人們聯繫在一起，則意味著夢想註定會破滅。許多成功人士根本沒有時間與消極、不支持他們的人打交道。

不幸的是，想把所有消極的因素從生活中排除是非常困難的。你的父母、生意夥伴、最好的朋友，甚至是配偶，都有可能爲你帶來消極的影響。因爲這些人對你有多年的瞭解，他們可能只會考慮到你過去的經歷，而不是現在的你或是將來的你能成爲什麼樣的人，反而有時比較容易地從一個完全陌生的人身上得到支持，因爲陌生的人對你能做什麼或不能做什麼並沒有任何的偏見。所以最大的關鍵是要找到合適的人。

大大的享受拓展視野的好選擇

選擇堅持—馬雲的人生智慧

成長階梯系列 61

人永遠不要忘記自己第一天的夢想，
你的夢想是世界上最偉大的事情，
就是幫助別人成功。
至於你能走多遠，
第一天的夢想很重要。

先相信你自己：馬雲的價值理念

成長階梯系列 62

創業者最大的資本是自信，
第一要相信你能活，
第二要相信你有堅強的存活毅力。
我相信「相信」。
相信自己做的事情非常難，
沒有幾個人做得了，
自己能夠嘗試就已經勝利了一半。

成就大業的冒險精神－馬雲教戰守

成長階梯系列 63

做決策不能完全憑直覺，
在紛亂的外部環境中用自己的腦袋思考問題和判斷問題。
公司還很小的時候千萬別去講理論，
別人不一定會認同你的理念，但是都會按照你做的做。
生存下來的第一個想法是做好，
而不是做大。

謝謝您購買 發生關係：生活就是一場角色扮演 這本書！

即日起，詳細填寫本卡各欄，對折免貼郵票寄回，我們每月將抽出一百名回函讀者寄出精美禮物，並享有生日當月購書優惠！

想知道更多更即時的消息，歡迎加入"永續圖書粉絲團"

您也可以利用以下傳真或是掃描圖檔寄回本公司信箱，謝謝。

傳真電話：（02）8647-3660　　信箱：yungjiuh@ms45.hinet.net

☺ 姓名：＿＿＿＿＿＿　□男　□女　□單身　□已婚

☺ 生日：＿＿＿＿＿＿　□非會員　□已是會員

☺ E-Mail：＿＿＿＿＿＿　電話：（　）＿＿＿＿＿＿

☺ 地址：＿＿＿＿＿＿

☺ 學歷：□高中及以下　□專科或大學　□研究所以上　□其他＿＿＿

☺ 職業：□學生　□資訊　□製造　□行銷　□服務　□金融
□傳播　□公教　□軍警　□自由　□家管　□其他＿＿＿

☺ 您購買此書的原因：□書名　□作者　□內容　□封面　□其他＿＿＿

☺ 您購買此書地點：＿＿＿＿＿＿　金額：＿＿＿

☺ 建議改進：□內容　□封面　□版面設計　□其他＿＿＿

您的建議：＿＿＿＿＿＿